책 읽는
교실

책 읽는 교실

초판 1쇄 인쇄 2009년 4월 15일 \초판 6쇄 발행 2017년 5월 25일
지은이 여희숙 \펴낸이 이영선 \편집 이사 강영선 \주간 김선정
편집장 김문정 \편집 임경훈 김종훈 하선정 유선 \디자인 정경아
마케팅 김일신 이호석 김연수 \관리 박정래 손미경 김동욱
펴낸곳 파란자전거 \출판등록 1999년 9월 17일(제406-2005-000048호)
주소 경기도 파주시 광인사길 217(파주출판도시) \전화 (031)955-7470 \팩스 (031)955-7469
홈페이지 www.paja.co.kr \이메일 booksea21@hanmail.net

ⓒ 여희숙, 2009
ISBN 978-89-89192-92-3 03370
값 9,500원

이 도서의 국립중앙도서관 출판예정도서목록(CIP)은 서지정보유통지원시스템 홈페이지(http://seoji.nl.go.kr)와
국가자료공동목록시스템(http://www.nl.go.kr/kolisnet)에서 이용하실 수 있습니다.(CIP제어번호: CIP2009001040)

파란자전거는 도서출판 서해문집의 어린이 책 브랜드입니다. 페달을 밟아야 똑바로 나아가는 자전거처럼
파란자전거는 어린이와 청소년이 혼자 힘으로도 바르게 설 수 있도록 도와줍니다.

여희숙 선생님의 독서 · 토론 길잡이 ▼

책 읽는 교실

우리 아이들, 독서 지도 어떻게 할까?

여희숙 지음

파란자전거

다시 어린 시절로 돌아간다면,
나는 이 교실에서 배우고 싶다

"선생님, 책에서 향기가 나는 것 같아요." 책에서 향기가 나는 것 같다니! 이 책이 아니었다면 세상 어디에서 이런 말을 들어보겠습니까? 여희숙 선생님과 아이들 그리고 학부모님이 함께 이루어가는 '달빛 독서교실'에서 학급문고를 열던 날, 그날의 감격을 한 아이가 이렇게 표현한 것입니다.

여 선생님은 아이들에게 자신을 '학교 엄마'라고 소개하면서 새 학년 학급 살림을 시작합니다. 어머니 마음으로 아이들을 돌보겠다는 표시이지요. 하루를 여는 아침, 선생님은 첫 시간 수업을 시작하기 전에 잠깐 짬을 내어 아이들에게 책을 읽어줍니다. 아이들은 선생님이 읽어주시는 이야기에 쏙 빨려듭니다. 눈을 감고 그 이야기를 느껴보는 명상도 합니다.

여 선생님의 독서 지도 방법은 남다릅니다. 아이들에게 책을 읽으라고 하지 않고 책을 읽어주기만 합니다. 이렇게 뜸을 들이면 아이들은 이어지는 뒷이야기가 궁금해서 견딜 수 없게 되지요. 이때다 싶으면 학부모님까지 모셔놓고 학급문고 여는 잔치를 하고, 그제야 책을 읽도록 허락합니다.

이렇게 시작한 여 선생님의 '달빛 독서교실' 아이들은 제각기 독서 계획을 세워서 책을 읽어가는 사이에 재미를 붙이게 되고, 학교 엄마의 관심과 정성으로 한 단계 한 단계 생각을 키워갑니다. 또한 책읽기를 싫어하여 한 해 동안 다섯 권만 읽겠다는 아이와 참 아름다운 말을 주고받기도 합니다.

여 선생님은 처음 교단에 섰을 때, 아이들과 친해지고 학습 지도나 생활 지도에 도움을 받을 수 있겠다는 생각에서 일기 쓰기와 독서 지도를 시작하였다고 합니다. 그리고 어떻게 하면 아이들 스스로 책을 찾아 읽고 깊이 생각하게 되며, 의문을 해결하려는 적극적인 의지를 가지게 될까, 하는 것을 끊임없이 연구하고 실천하여 지금에 이르렀습니다.

이 책은 한 층 한 층 쌓아올린 독서 지도의 금자탑이자, 매우 값진 교단생활 기록입니다. 마치 우리 앞에 마주 앉아 독서 지도는 이렇게 하면 된다고 이야기하듯이 생생하게 쓴 글이라서 참 편하게 읽을 수 있습니다. 교실에서 아이들을 만나는 선생님들에게는 독서 지도의 좋은 길잡이가 되어줄 것입니다. 걸어가기 편한 오솔길과 같은 책이기 때문입니다.

여 선생님을 만난 어머니는 아이 대하는 태도가 바뀝니다. 텔레비전 앞에 앉아 있는 아이에게 "그만 보고 네 방에 들어가서 책이라도 좀 읽어라." 하지 않고, "이리 올래? 눕혀놓고 놀아줄게." 하며 동화책을 읽어줍니다. 진정으로 아이를 아끼고 사랑하는 어머니 모습입니다. 이 장면이 마음에 드는 학부모님도 이 책을 꼭 읽어보시기 바랍니다. 이 학교 엄마 마음을 알아내면 아이 키우는 데 도움을 얻게 될 것입니다.

"내가 다시 어린 시절로 돌아가서 가고 싶은 교실을 고를 수 있다면, 나는 여 선생님 교실로 찾아가겠다. 거기서 선생님이 읽어주시는 이야기를 들으며 책하고 친해지고 싶다. 시 공부도 하고, '달빛 독서기행'을 꼭 가고 싶다. 일기에 별을 받고, '나의 마음이 커갑니다' 한 장을 채워서 토요잔치 초대권도 받아야지. '내 마음을 울리는 한마디 말' 발표도 하고, 토요잔치에 초대되어 동무들과 선생님이 함께 어울려 신나게 놀면 얼마나 좋을까?"

이 책을 읽으면서 저 혼자 이런 상상을 해보았습니다.

거창 샛별초등학교 교장 주중식

독서 지도는 책을 읽히는 게 아니라
마음으로 만나는 것입니다

낯설고 어설프게만 느껴지는 첫 교단 시절, 제게는 아이들과 가까워지는 한 방법으로 '일기 쓰기'와 '책 읽어주기'가 있었습니다. 그것은 제가 교단에 있는 동안 한 번도 쉬지 않고 해온 일이기도 하고, 제게 가장 큰 기쁨이 되어준 일이기도 하였습니다.

지금 생각해보면 참 우직한 방법이었다는 생각이 듭니다. 아이 한 명 한 명과 일일이 글로 대화를 나누다시피 한 일기 지도와, 교실이 작은 도서실처럼 여겨질 만큼 많은 동화책들 속에서 함께한 많은 시간들…. 그러나 저는 아이들의 '일기'를 통해 아이 한 명 한 명과 만나고, '책 읽어주기'를 통해 비로소 우리 아이들과 마음으로 만날 수 있었습니다. 일기를 읽고 대화글을 써가다 보면 아이들은 모두 참으로 다른 존재들임을 알게 됩니다. 교실에서 한 반 아이들로 움직일 때와는 전혀 다른 모습과 분위기로 제 마음에 선명하게 다가오는 것을 느낄 수 있었습니다.

아이들이 왜 이렇게 떠드는지, 또 왜 이렇게 버릇이 없다고 느껴지는지, 어디서부터 얼마만큼 잔소리를 해야 하는지 도무지 알 수가 없을 때도 저는 책을 찾았습니다. 책을 읽으며 저는 그 속에서 참 많은 것을 느낄 수 있었고 또 알게 되어서 좋았습니다. 우리는 알게 되면 진심으로 이해할 수 있게 되고 조금은 여유가 생기는 듯합니다. 몰라서 오해하고 잘못하는 일, 아쉬움을 남기는 일이 얼마나 많은지요. 그것은 우리 아이들을 대할 때도 유효한 것 같습니다. 아이들이 왜 그러는지, 그럴 땐 어떻게 해야 하는지 알고 나서 보면 우리 아이들은 얼마나 사랑스러운 존재들인지요.

지난 세기 말 일본의 언론들이 20세기 대중문화 부문 최고의 책으로 《말썽꾸러기 또또》를 뽑았다는 기사를 보았습니다. 이 책은 초등학교 1학년 때 퇴학당한 저자가 고바야시 교장 선생님의 전차 학교에서 50명 남짓한 전교생과 함께 행복한 1년을 보내는 이야기입니다.

저는 이 책을 25년 전 우리 반 아이에게서 선물로 받았는데, 그때 이후로 지금까지 아이들과 생활하며 내 마음이 거칠어진다고 느껴질 때면 다시 꺼내 읽고 마음의 윤기와 힘을 얻곤 하였습니다. 전차로 만든 학교의 교실 풍경, 새벽안개 낀 운동장, 스스로 공부하는 방법, 점심시간에 반찬을 함께 나누는 모습, 그리고 책읽기와 산책 시간 들은 저에게 꿈이었습니다. 그런 학교를 만들어보고 싶다는. 때때로 아이들과 함께 칠판에 그려본 그 꿈의 학교는 아직도 멀지만, 저는 그 꿈을 우리 교실에서 이루어보고 싶기도 했습니다. 그 과정이 학급 경영이었고 저의 교단생활이었던 것 같습니다.

'아이들에게 책 읽어주는 선생님이 되는 것'은 저를 그 꿈에 한 발짝 가까워지게 하는 것이기도 하였습니다. 5, 6학년 아이들에게 읽어주어도 아주 좋아하는 1학년 또또의 이야기. 그래서 저는 틈날 때마다 책을 읽어주었습니다. 동화책에서부터 법정 스님의 수필집까지. 또 아이들에게 꼭 강조하고 싶은 원칙이나 가만히 전하고 싶은 내 마음이 있을 때는 그런 마음을 드러내어주는 책들을 골라 읽어주었습니다. 그렇게 하는 것이 직접 말로 하는 것보다 결과는 훨씬 좋았습니다. 아마 마음으로 다가가는 방법 때문이 아니었을까 생각해봅니다.

요즘 저는 가끔 이런 꿈을 가져봅니다. 교육장님이나 시장님, 이사장님, 교장 선생님들께서 축사나 훈화 말씀 대신 교실로 우리 아이들을 찾아와 아이들에게 책을 읽어주며 즐거워하시는 모습을 보는 꿈을.

우리에게 꿈을 주고, 또 아이들을 이해하는 마음의 폭을 갖게 하고, 늘 새로운 세상을 향해 눈을 뜨게 해주는 이 좋은 책읽기가 어떻게 제게 왔을까요?

책과의 만남을 생각하면 중학교 2학년 때의 사회 선생님이 금방 머리에 떠오릅니다. 제가 직접 배우지도 않았는데 유독 그분을 생각하게 되는 것은, 제 친구로부터 전해들은 이야기가 하도 실감나서이기도 합니다. 아무튼 그분은 책을 무지하게 읽은 분 같다는 친구의 설명도 있었지만, 어쩌다 우리 선생님 심부름으로 교무실에 갈 때면 언제나 책을 읽고 계시거나, 해질 무렵이면 책 한 권을 옆구리에 끼고 담배를 피워 문 채 운동장을 홀로 걸어가시는 그분을 멀리서 경이로운 눈으로 바라보곤 했던 기억은 아무리 세월이 흘러도 잊히지 않습니다. 이제 생각해보면, 책과 함께하는 일이 일상이 된 어른의 모습이 얼마나 품위 있고 멋있는지를 그때 어렴풋이나마 느꼈던 게 아닐까 하는 생각이 듭니다.

그러나 아이들과 함께하며 처음 시작한 독서 지도는 유감스럽게도 아이들을 조용히 시킬 목적으로 한 것이었습니다. 커다란 말처럼 느껴지는 녀석들이 신기하게도 책을 읽어주면 조용해지는 모습들이 예뻐서, 아이들에게 읽어주려고 책을 사다 보니 한 권 두 권 모이게 되어 1,000권이 넘는 학급문고가 되었습니다. '어떻게 읽히면 재미있게 읽게 될까?' 궁리하며 하나하나 해본 일들이 20년 지나니 나름대로 1년 독서 지도 과정이 되었고요.

처음부터 뚜렷한 계획을 가지고 한 것도 아니고, 또 먼저 이론을 공부한 다음 실제 상황에 적용해본 것도 아니어서, 이렇게 책으로 만들며 걱정이 태산이었습니다. 그래도 30년 가까이 교단생활을 하고 있는 제 친구가 "올해는 독서 지도 한번 제대로 해보고 싶어. 그런데 막상 하려고 하니 손에 잡히는 게 없네."라고 해서, 그 친구에게 그냥 우리 교실 이야기를 들려주는 마음으로 정리하였습니다.

달마다 주마다 심지어 시간마다 읽을 책과 관련 책, 지도과정안에서 예문까지 나와 있는 지침서들이 많이 있습니다만, 저는 그걸 그대로 따라해본 적은 없습니다. 해마다 다르고 요즘은 시시때때로 다른 우리 아이들, 교실마다 다르고 학년마다 다른 색깔을 가진 아이들과, 순간마다 달라지는 제 마음에 꼭 맞는 지침서가 있을까 싶어, 그저 우리 반 아이들 눈빛과 마음 높이에 맞추려고 해보았는데… 부끄럽습니다.

학교에서 유난히 행사를 많이 하는 해에는 이중 절반도 못한 적도 있습니다. 한다고 하였지만 보물상자를 꼼꼼히 챙기지 못한 해도 많았습니다. 그래도 마음만은 늘 '책 읽는 우리 반'에 두고 있었습니다. 그리고 가능하면 학부모님과 함께하고 싶었지만 생각만큼 잘 되지는 못한 것 같습니다. 수도 없이 많은 종류의 일들을 아이들과 함께 하였지만 그래도 끝까지 마음에 남아 여기 기록으로 남는 것은 유난히 우리 아이들이 좋아했던 일들입니다. 이 일들을 보니 저나 아이들이나 그 마음바탕은 같은 것 같습니다.

이 책에서는 봄, 여름, 늦여름, 가을, 겨울… 우리 아이들의 학교생활에 맞추어 크게 구분하였습니다. 계절의 흐름에 맞추는 것이 마음도 여유롭고 아이들도 자연스러워지는 것 같아 저는 좋았습니다.

봄, 독서 지도에서 무엇보다 중요한, 아이들의 독서 동기 유발에 초점을 맞추었습니다. 계획을 세우고, 마음먹고, 먼저 책 읽고 싶어 몸살 나게 만드는 것으로.

여름에는 이제 막 출발하여 터질 듯한 읽기 욕구를 충족시키고 도서관 이용으로 넓히기까지.

늦여름은 여름방학 계획부터 마칠 때까지 혼자 할 수 있도록 이끄는 것에.

가을에는 감동이 있는 독서활동으로 한 단계 성숙할 수 있도록 하는 것에 중점을 두었습니다.

겨울에는 토론을 집중적으로 다루었는데, '겨울에만 토론하나?' 하고 의아해 하실지도 모르겠습니다. 사실 학교에 있어보면 12월에 학년이 거의 끝나게 되어, 가을과 겨울이 크게 구분이 안 될 때가 많았습니다. 그래서 가을을 겨울 몫까지 넉넉히 소개하고, 겨울에 토론을 소개하였습니다. 1년 내내 했던 토론 수업을.

주로 고학년을 담임하였기 때문에 고학년 아이들의 이야기가 많습니다. '그럼 저학년은 어떻게?' 하시는 분들께는 그저 선생님의 상상력에 불을 붙이는 계기가 되기를 희망합니다.

아이들의 글을 실었는데 주로 일기글이기도 하고 우리 반 학급문집에 실렸던 글이라 따로 이름을 밝히지 않았습니다.

책과 사람이 특별한 의미로 만나 오래 함께하게 되는 데에는 사람마다 다 다른 인연이 있는 듯합니다. 독서 지도를 잘 받았든 잘 받지 못했든, 우리 아이들의 마음 깊숙한 곳에는 책읽기와 함께한 많은 일들이 따뜻하고 은은한 기억으로 묻혀 있게 되겠지요. 어쩌면 지금 당장은 아닐지라도, 자기도 모르는 기억 저편에 아름다운 흔적으로 아득히 묻혀 있다가 언젠가 우연히 서점 앞을 지날 때나 도서관 표지판 앞에서 문득 그리움으로 되살아나며 가던 발걸음을 멈추게 하지는 않을까요?

학교에 있을 때 저는 늘 '우리 아이들에게 30년 후쯤 더욱 그리워지는 기억들을 많이 만들어주고 싶다'는 생각을 했는데, 그런 일을 함께 하기에 독서가 참 좋은 길이었습니다.

한 사람이 살아가는 동안에 누구에게나 마음을 쿵! 하고 울리게 만드는 사람이나 책을 만나는 것이 그리 쉬운 일은 아닌 듯합니다. 어쩌면 딱 한 사람이거나 딱 한 권의 그 책을 만나기 위해 그토록 많은 책을 읽고 많은 사람들을 만나며 그런 만남을 준비해가는 것은 아닌지.

책을 읽는 것도 중요하지만 더 중요한 것은, 그 책을 읽은 사람에게 생기는 변화, 그 결과와 영향이라고 하겠지요. 그것은 하루아침에 이루어지는 일은 아닐 것입니다. 책을 읽고 얻은 것을 자신이 경험하여 깨닫게 되기까지는 더 오랜 시간, 어쩌면 여러 해가 걸릴지도 모릅니다. 그럼에도 우리가 책을 읽는 사람이 되어야 하는 이유는, 우리가 우리 아이들의 마음속에 꿈을 갖게 하고 30년이 지나고 300년이 지난 후에도 더욱 그리워지는 사람이 되는 데 그 길이 가장 가까울 것이란 믿음과 소망 때문일 것입니다.

가벼운 마음으로 잠깐 학교를 떠난다 하고 나온 길이 영영 교단으로 돌아가지 못하게 되었습니다. 대신 또 다른 자리에서 학교 선생님들을 만나고 학부모님들을 만나게 되면서 그분들께 이야기해드리려고 준비한 원고가 책이 된 것이 지난 2005년 2월이었네요. 부끄럽고 조심스런 마음을 내보였는데 뜻밖에도 많은 선후배 선생님, 학부모님들이 분에 넘치는 관심과 격려를 보내주었습니다. 고맙고 또 고마운 마음입니다. 게다가 파란자전거라는 새롭고 좋은 인연을 만나 이번에 조금 다른 모습으로 책을 내게 되었습니다. 내용은 크게 바뀌지 않았으니 새로 구입하지는 않아도 될 것입니다. 다만 토론 부분을 조금 보충하였고, 처음 낸 책의 끝에 읽어주면 좋을 글들을 몇 편 실었었는데 이번엔 뺐습니다. 독서교육이나 책 읽어주기에 대해 많은 분들이 헌신하고 있고 또 읽어줄 좋은 새 책들이 너무나 많아졌기 때문이지요.

무엇보다 부족한 글을 진심으로 아껴주고 정성으로 다듬어 새 책으로 만들어주신 파란자전거 식구들께 고마운 인사를 드립니다.

2009년 새로운 봄을 맞으며 여희숙

봄 책과 처음 만나기

여름 책과 함께 놀기

늦여름 방학 중의 독서 지도

가을 깊어가는 책읽기

겨울 독서 지도와 토론

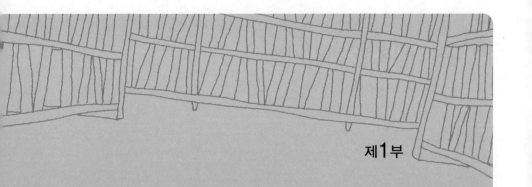

제1부

책과 처음 만나기

즐겁고 **행복한 책읽기**를 위해

새 학기 독서 지도의 시작

새 학년이 시작되기 전, 선생님들은 학급 경영 계획도 세우고 1년간 사용할 학습 자료도 미리미리 챙겨둡니다. 저학년이라면 더 많은 준비를 꼼꼼하게 해야 합니다. 저는 교단에 선 지 5년쯤 지난 뒤에야 비로소 제 나름대로 학급 경영 계획을 세우게 되었습니다.

저는 학급 경영 계획을 세울 때 인성교육, 독서 지도, 일기 쓰기, 생활 지도, 건강교실, 특색 교육 등 항목별로 나눠서 해마다 조금씩 보충도 하고 바꾸기도 하면서 꾸준히 만들어가 보기로 하였습니다. '한 해에 한 가지만이라도 계획대로 실천해보자' 하는 마음으로 시작하였는데, 처음에는 어설픈 것도 많았고 계획한 대로 되지 못한 것이 더 많아서 반성하는 시간도 일부러 미루고 대충 정리하기도 하였습니다.

1년간의 학급 경영 중 그래도 해마다 빠뜨리지 않고 한 것은 일기 지도와 독서 지도였습니다. 그 두 가지를 기본으로 하면서 다른 것들은 해마다 학년의 수준과 특성에 맞추어 해나갔습니다.

　요즘은 특히 독서교육을 강조하는 분위기인 것 같습니다. 그러나 책읽기의 중요성은 엄청나게 강조되고 있지만, 가만히 들여다보면 책읽기 본연의 모습보다는 공부를 잘하기 위한 수단이나 글쓰기 실력 향상, 나아가 입시를 위한 수단으로서의 독서가 지나치게 강조되고 있는 듯합니다. 그래서 저는 더욱 학교에서의 바람직한 독서 지도가 필요하고 중요하다는 생각을 하곤 합니다. 진정 우리 아이들의 '즐겁고 행복한 책읽기'를 위해.

　독서 지도는 학급문고 마련부터 독서 환경 만들기, 단계별 지도 계획까지 연간 계획서를 만들어두고 제때제때 해야 효과적인 것 같습니다. 학급문고를 여는 잔치에서부터 독서토론 대회까지 1년간의 계획을 꼼꼼하게 세우고 새 학기를 시작하면 벌써 절반은 이룬 것 같은 기분에 힘이 나서 해마다 새롭게 용기를 내던 기억이 납니다.

　학급에서 독서 지도를 하려면 어떤 것들이 필요할까요? 먼저 독서 지도 계획이 있어야겠고, 또 조금은 정선된 학급문고가 있어야 할 것입니다. 그리고 가장 중요한 것은 마음. 그것은 아이들과 함께 책을 읽고, 생각하고, 느낌을 나누고, 조금씩 실천해가는 가운데 함께 성숙해간다는 마음가짐이라고 할 수 있겠지요.

　더불어 꼭 권하고 싶은 것이 '학부모님과 함께하기'입니다. 독서 지도 계획을 꼼꼼히 세우고 난 뒤 학년 초에 갖는 학부모와의 만남 시간에 부모님들께 계획을 알려드립니다. 그리고 부모님들께서 함께 해야 할 일과 도울 수 있는 방법들에 대해 친절하게 안내하는 일, 이것은 생각보다 매우 중요한 일입니다. 우리 아이들을 가르치고 키우는 선생님과 부모님 사이에 있어야 할 '믿음'이 서로를 모르는 가운데서는 잘 생기지 않는 것 같습니다. 알고 이해하면 우리는 믿을 수 있게 됩니다. 알지도 못하면서 '이해한다'고 하는 사람들이 있는데, 그것은 진정한 이해라고 하기 어렵겠지요.

책이 있어 **좋은 교실**

좋은 독서 환경이란?

어린이도서연구회 오춘식은 독서교육을 3단계로 나누는데, "첫째는 책을 만날 수 있는 환경을 만들어주는 일이고, 둘째는 집중해서 읽을 수 있는 시간과 장소를 제공해주는 일이며, 셋째는 읽고 난 후의 지도 단계로 '독서 지도'라 하면 대부분 이 단계를 말한다. 그러나 세 단계에서 가장 영향력을 크게 갖는 것은 첫 번째 단계인 독서 환경을 만들어주는 일이다."라고 하였습니다. 그중에서도 학교의 독서 환경은 아이들의 내부에 있는 학습 동기를 자극하는 중요한 역할을 한다는 것이지요.

책을 읽기 싫어하는 아이나 책을 읽지 않는 아이라도, 책이 많은 공간과 책 읽는 분위기 속에서 생활하다 보면 저절로 책을 가까이하게 되지 않을까요? 학교의 독서 환경을 생각할 때 우리 아이들이 학교에서의 거의 모든 시간을 보내는 곳은 사실 교실입니다. 그러므로 교실의 독서 환경은 무엇보다 중요한 것이라 할 수 있겠지요.

그럼 독서하기 좋은 환경은 어떤 것일까요? 한마디로 말하기는 어렵겠지만, 그저 '자연스레 아이들이 책과 가까워질 수 있는 곳'이면 좋지 않을까요? 교실이라면 재미있고 다양한 책들이 잘 정리되어 있어서 아이들이 저절로 책에 눈이 가는 곳이었으면 좋겠습니다. 만화책에서부터 과학책, 철학책, 그리고 여러 가지 종류의 사전까지 다양한 책으로, 수준도 다양하면 더욱 좋겠지요.

초등학교는 1학년부터 6학년까지 아이들의 수준 차가 가장 많이 나는 곳이기도 합니다. 독서 수준도 아이마다 정말 많이 다르지요. 한 교실에서 공부를 하고 생활하지만 독서 수준은 유치원부터 중학생까지일 수도 있습니다. 그럴 때 아이 한 명 한 명에게 그 아이의 수준과 흥미를 고려한 책을 권할 수 있을 정도의 학급문고가 있는 교실이라면 얼마나 좋을까요?

어찌 보면 학교나 교실의 독서 환경은 어느 정도 갖추기가 쉬운 것 같습니다. 한정된 공간 속에 책과 책장만 있으면 되니 크게 어렵지 않지요. 문제는 가정에서의 환경입니다. 특히 아이들 방은 자연스럽게 책과 친할 수 있고 사색할 수 있는 곳이어야 합니다. 그러나 요즘 아이들 방의 책상 위에는 컴퓨터가 가장 좋은 자리를 차지하고 있어, 날마다 새롭고 자극적이기까지 한 온갖 재미있는 영상 자료를 보여주며 아이들의 시선과 관심을 놓치지 않으려 하고 있습니다. 우리 아이들에게 좋은 독서 환경을 만들어주는 일, 이것부터 학부모님과 함께하였으면 좋겠습니다.

부모님께

어제 내린 봄비로 가끔은 제법 훈훈한 기운이 느껴집니다. 아무리 추워도 우리 아이들의 웃음을 보면 또 마음이 따뜻해지니, 아이들의 웃음이 봄비처럼 느껴질 때가 있습니다.

아직 정식으로 인사를 나누진 못했지만 올 한 해 아이들과 함께할 '학교 엄마'입니다. 준비물을 가져다주러 가끔 오시는 어머니들께서 우리 교실에 책이 많은 것을 보시고 아주 좋아하시더군요. 우리 아이들과 함께 읽고 즐길 책들이랍니다. 아직은 아이들이 볼 수 없지만.

올해는 우리 아이들과 특히 책읽기를 열심히 해볼 생각입니다. 부모님들께서도 이번 기회에 우리 아이 책 읽는 습관을 만드는 데 함께하시면 어떨까 하여 첫 기별을 전합니다.

의문 나는 것이 있으면 책을 찾거나 깊이 생각하여 답을 구하려고 해야 하며 그 과정이 곧 진정한 의미의 배움이라고 할 수 있는데도, 아이들은 무엇이든 손쉽게 컴퓨터에게 물어보면 된다고 합니다. 그래서 그런지 부모님들께서도 요즘은 백과사전이 컴퓨터에 있다고 하며, 비싸고 자리도 많이 차지하는 책보다 값싸고 간편한 CD 백과사전을 구입해준다고 합니다.

세상 모든 일이 그러하듯 쉽게 얻은 것은 그 가치를 잘 알기가 어렵고, 또 소중하게 여겨지지도 않으며, 오래 우리의 기억 속에 남지도 않습니다. 또 찾았다고 한들 그 내용이라는 것이 아이들의 독해 수준에서 읽고 이해하기에는 어려운 내용인 경우가 많습니다. 좋은 독서 환경은 무엇보다 먼저 아이들 방에서 우리 아이들을 책과 멀어지게 하는 컴퓨터를 조금 멀리 치우는 일이 아닐까 합니다.

또 한 가지는 거실에서 텔레비전을 치우는 일인 것 같습니다. 이것은 참 어려운 일이지만 꼭 해야 할 일이기도 합니다. 거실에 놓인 텔레비전이 우리 가족 각자에게 어떤 영향을 미치는지는 누구보다도 우리가 잘 알고 있는 일이라 여겨집니다. 하루 종일 그 앞에 있어도 심심하지 않고 시간 가는 줄 모르게 만들어주는 그 많은 채널들…

지금 우리 아이들에게 가장 필요한 것은 더 많은 정보와 지식이 아니라, '무료함을 마음껏 경험할 수 있는 시간과 그것을 견디는 힘'이라는 생각이 듭니다. 너무나 무료해서 '뭘 하고 놀까?' 궁리하는 가운데, 우리가 여러 가지 교육적인 방법을 동원하여 그토록 아이들에게 길러주고자 하는 '창의성'이 비로소 싹튼다고 합니다.

요즘 독서교육에 대한 재미있는 이야기로 인기를 모으고 있는 한 책에서는 아이들의 독서 습관 기르기에 가장 방해가 되는 것이 텔레비전이나 컴퓨터가 아니라, 아이들이 부모들의 변화에서 느끼는 '배신감'이라고 하더군요. 어려서는 즐겁게 부담 없이 읽어주고 또 읽게 하던 부모님이 아이가 학교에 들어갈 즈음이 되면 억지로 읽히려고 하고, 게다가 확인하고 평가까지 하면서 갑자기 즐거운 책읽기가 괴로운 일이 되게 한다는 것이지요.

물론 부모님들 중에는 아이들에게 책을 읽히려는 목적이 공부나 글쓰기, 입시에서의 성공에 있다고 생각하시는 분들이 있어서, 아이들에게 책읽기 학습지를 시키거나 과외교실에 다니게 한다고 합니다만, 제가 만난 부모님들은 대개 '어떻게 하면 우리 아이가 책읽기를 즐기게 되는지'를 잘 모르거나 조금 '잘못 알고' 계셔서 그런 것 같다는 생각이 들었습니다. 가만 돌아보면 사실 지금의 부모님들도 저처럼 어떻게 책을 읽어야 하고 어떻게 하면 즐기게 되는지를 배운 적도, 경험한 적도 별로 없었다는 생각이 듭니다. 게다가 마냥 두고 보기에는 우리 아이들을 둘러싸고 있는 오늘날의 상업문화라는 것이 결코 만만치 않다는 사실에 대한 불안함도 무시할 수 없는 큰 이유가 되지 않을까 합니다. 앞으로 저와 함께하며 우리 아이들의 독서 환경에 대해 더 좋은 생각과 의견을 나누게 되기를 희망합니다.

조금씩 자라는 책꽂이

학급문고 마련하기

해마다 새로운 학년이 시작되면 각 학급에서는 아이들에게 집에서 다 읽은 책 가운데 친구들과 나누어 보고 싶은 책을 가지고 오라는 알림장을 써서 보내곤 합니다. 그렇게 해서 모아진 책들은 사물함 위나 교실 한쪽에 책장을 마련하여 학급문고로 활용합니다. 그런데 가만히 보면, 아이들이 가장 아끼는 책이나 감동적인 책을 가져오기보다는 집에 두기는 뭣하고 버리기는 좀 아까운 책들을 가지고 오는 경우가 많다고 합니다.

그래서 그런지 책의 수준도 비슷하고, 아이들도 학급문고의 책들을 소중히 다루거나 자신들의 책이라고 생각하지 않는 것 같습니다. 한 학기도 지나기 전에 너덜너덜해져 버려서 학급문고는 이제 아이들의 마음이 담긴 고운 손길이 닿는 곳이 아니라, 언제나 어질러져 있어 교실 정리할 때 제일 손이 많이 가는 곳이 되고 맙니다.

할 수만 있다면 선생님께서 먼저 읽고 아이들에게 권하고 싶은 책을 조금씩 사 모아 선생님만의 학급문고를 마련하면 어떨까 합니다. 한 5~6년 정도를 내다보고 1학년 담임을 할 때는 1학년 수준의 책을 모으고, 4학년을 담임할 때는 4학년 수준의 책을, 해마다 담임할 때 그 학년 수준의 책을 모으면 누구나 꽤 좋은 학급문고를 만들 수 있지 않을까 생각합니다. 이렇게 해서 모아진 학급문고라면 어떤 학년의 담임이 되어도 그 반 아이들 한 명 한 명의 수준과 흥미에 맞는 독서 지도가 가능해질 것입니다. 해가 갈수록 차곡차곡 늘어가는 학급문고 수만큼이나 우리 아이들의 마음이 풍요로워질 거란 기대도 함께 커갈 것이고요.

전차 학교의 또또를 만난 뒤부터 저는 동화책에 마음이 갔습니다. 제가 사서 읽어보고 학급의 책꽂이에 갖다놓으면 우리 아이들은 소중하게 빌려 읽었습니다. 때론 읽으면서 눈물 흘린 이야기도 살짝 끼워서 돌려주는 아이들을 보며 신이 나서 책을 고르고 사 모은 것이 그새 1,000권이 넘었습니다.

물론 그사이 없어진 책도 있고, 맞춤법이 바뀌어 아이들이 거들떠보지도 않게 된 책이 섞여 있기도 합니다. 그러나 때때로 정리하며 제목만 보아도 좋은 기억들을 떠올릴 수 있어 교실을 옮길 때도 버리지 못했고,

그래서 우리 교실은 언제나 책으로 가득 찬 듯한 느낌을 주었습니다. 그러고 보면 졸업한 아이들이나 학부모님들이 한결같이 "우리 교실엔 책이 참 많았어요." "다 읽지는 못했지만 참 넉넉했던 기분이 들어요." 하면서 우리 교실에 동화책이 많았던 것을 좋은 기억으로 간직하고 있었습니다. 책 속에서 함께 생활한 것이 참으로 즐거웠다고.

우리 반 아이들은 생일이 되면 교실에서 생일 축하를 받았습니다. 해마다 다른 방법으로 축하를 해주곤 했는데, 어떤 해에는 아이 한 명 한 명이 생일을 맞을 때마다 그 아이의 분위기와 느낌에 맞는 책을 한 권씩 사서 선물하였습니다. 책의 첫 장에는 '사랑하는 우리 지훈이의 열두 번째 생일을 진심으로 축하합니다. 1995년 9월 1일 5학년 2반 친구들과 학교 엄마가 지훈이의 생일을 기념하여'라는 축하의 말을 써서 주었습니다. 생일 맞은 아이가 제일 먼저 그 책을 읽고 학급문고에 기증하면 다른 아이들도 빌려 읽을 수 있게 하였습니다.

해가 바뀌어 아래 학년 아이들이 그 책을 빌려 읽게 되었을 때 아이들은 제게 물어보기도 합니다.

"선생님, 지훈이 형은 어떤 형이었어요?"

"와! 10년 전부터 있었던 책이네요?"

"그러면 제 이름이 적힌 책도 생기겠네요?"

아이들은 여러 해가 지나 고등학생이나 대학생이 되어 우리 교실에 놀러왔다가 자신의 생일 기념 책을 발견하고는 그 시절로 돌아간 듯 참 좋아하였습니다.

민주는 졸업을 앞두고 '후배들에게'라는 글을 쓸 때 '우리 반 학급문고 속에 아주 소중한 선물을 감추어두었으니 잘 찾아보라'는 당부를 하여 우리를 즐겁게 해주기도 하였습니다.

학부모님들은 아이를 학교에 보내고 나면 여러 가지로 궁금한 점이 많을 것입니다. 우리 아이가 학교에서 아이들과 친하게 지내는지, 선생님을 좋아하는지, 학교 공부는 어려워하지 않는지…. 집에 와서 말을 잘하는 아이라면 물어보아 알 수도 있지만 그렇지 않은 아이라면 알기가 쉽지 않을 것입니다. 알림장을 보면 어느 정도 알 수는 있겠지만 꼼꼼히 쓰지 않는 선생님도 계시고, 아이가 잘 써오지 않을 수도 있으니 여전히 답답하겠지요.

저는 고학년이라도 알림장은 꼭 쓰게 하는 편이었습니다. 알림장을 보기만 해도 학교에서의 하루 일을 짐작할 수 있게 자세히 쓰도록 하고, 꼭 부모님의 확인을 받아오게 하였습니다. 때론 귀찮아하는 분도 계시지만 많은 분들이 아주 좋아하셨습니다.

한 달에 한 번쯤 이런 내용의 '쪽지 알림장'을 부모님께 보내드리면 어떨까요? 알림장 하나를 보면서도 그 순간이 우리 아이와 함께 나누는 행복한 시간이 되었으면 좋겠습니다.

부모님께

집에서 알림장을 확인해주실 때 가끔 아이를 칭찬하는 메모를 넣어 보내시면 아이에게도 저에게도 정말 좋은 선물이 됩니다. 숙제가 '책을 30분 동안 읽고 오기' 라면, 그냥 확인만 하지 마시고 '30분 동안 쉬지 않고 잘 읽었습니다.' 라든지 '45분이나 읽었습니다. 칭찬해주세요.' '엄마와 함께 읽었어요.' 라는 메모를 써넣어 주신다면 학교 가는 우리 아이의 발걸음이 얼마나 가벼울까요? 학교에서는 제가 "우리 기영이가 책을 그렇게나 잘 읽었어? 정말 예쁘다."라고 칭찬해주며 아이와 눈을 맞추고 웃음도 나눌 수 있겠지요.

학급문고를 마련할 때도 만약 아이가 학교에 학급문고용 동화책을 가져가야 한다면 "여럿이 읽을 것이니까 제일 좋은 책을 골라야지." 하시면서 집에서 가장 좋은 책을 골라주시면 얼마나 좋을까요? 우리 아이들은 "먼저 남을 배려하거라."라는 어른들의 말을 듣고 그렇게 하는 것이 아니라, 생활 속에서 남을 먼저 배려하는 부모님의 행동을 보며 그런 마음을 기르는 것 같습니다.

우리 아이의 생일에 친구들을 불러 잔치를 해주시는 것도 의미 있는 일이지만 그 대신 생일을 기념하는 책을 마련하여 학급에 기증하면 어떨까요? 기쁨도 나누고, 두고두고 그 책을 읽는 아이들에게 우리 아이의 생일이 기념되는 뜻 깊은 선물이 되지 않을까요?

책 읽게 해주세요!

책과의 첫 만남은 '재미있게'

학급문고를 둘러싼 아이들의 눈이 반짝이고 호기심이 가득하여 서로 보고 싶은 책을 먼저 차지하려고 가위바위보를 하는 교실, 책 읽고 싶어 몸살을 내며 날마다 "책 읽게 해주세요."라고 조르는 아이들, "책 읽자~"라고 하면 숨소리도 들리지 않게 책에 몰입하는 아이들…. 선생님이라면 누구나 그려보는 아름다운 교실 풍경일 것입니다.

그러나 지금 우리 교실은 어떨까요? 이런 모습과는 거리가 멀다고 느껴질 때가 많지 않은가요? 왜 그럴까요? 어떻게 하면 이렇게 교실에서 책읽기를 즐기는 아이들과 만날 수 있게 될까요?

우리 아이들을 정말 멋진 책의 세계로 초대하려면, 그 안에서 자신만의 생각과 꿈을 키우는 행복한 아이들로 자라게 하려면 우리는 어떻게 해야 할까요? 무엇보다 먼저 우리 아이들이 책과 '재미있게' 만날 수 있도록 계획을 세워야 하지 않을까요?

　새 학기가 시작되면 저는 먼저 아이들에게 우리 교실의 학급문고에 절대 손을 대서는 안 된다고 이야기해둡니다. 아직 정리가 덜 되었다고 하면서요. 처음엔 아이들도 '음, 조금 기다리면 되겠지.' 하고 기다립니다. 하지만 일주일이 지나도 선생님의 허락이 떨어지지 않으면 아이들은 궁금해 하며 물어봅니다.

　"학급문고 언제 읽어요?"

　"조금만 더 기다려볼래?"

　그러면서 이 주일쯤 지나면 아이들의 궁금증은 더욱 커집니다. 그때쯤 아이들에게 학급문고에서 빼낸 책을 한 권 보여주며 "읽어줄까?" 묻습니다. 그러면 아이들은 놀라운 관심을 보이며 듣기에 열중합니다. 한 편의 이야기를 들려주고 나면 반드시 아주 심오한 약간의 해석을 덧붙여 이야기해주고, 그 책 속에 있는 다른 많은 이야기들이 얼마나 재미있는지에 대해서도 넌지시 이야기해줍니다.

　그러면 아이들의 관심은 곧 터질 듯한 풍선처럼 부풀어 오릅니다. 성질 급한 아이들은 제목을 봐두었다가 도서실에 가서 빌려오거나, 아예 서점으로 달려가 사서 읽는 아이도 있습니다.

　3월 한 달은 이렇게 아이들이 손댈 수 없는 학급문고의 책들을 선생님께서 읽어주시는 것으로 채웁니다. 이때 우리가 생각해야 할 가장 중요한 것은 '어떤 책을 골라야 하는가?' 하는 것이겠지요.

3월이 되면 학교마다 새롭게 만난 아이들과 부모님 그리고 선생님이 함께 만나는 학부모 참관 수업이 있습니다. 부모님들께는 우리 아이가 1년 동안 함께할 선생님을 만나 학급 경영 계획도 듣고 우리 아이에 대한 상담도 할 수 있는 소중한 기회이기도 합니다. 참관 수업이 있기 전에 조금 마음을 내어 쪽지 알림장을 보내보시면 어떨까요?

부모님께

안녕하세요? 저는 올 한 해 우리 아이들과 함께할 담임입니다. 새 학기가 시작된 지 얼마 되지 않았지만 어느새 눈이 마주치면 웃음을 나누게 된 우리 아이들. 지금 이 마음으로 내년 2월까지 함께하고 싶은 소망을 가져봅니다.

며칠 있으면 학부모 참관 수업이 있습니다. 그때는 우리 아이가 학교에서 공부하는 모습도 보시고, 우리 반 학급 경영 계획도 발표하게 될 것입니다. 꼭 오셔서 우리 아이들의 행복한 학교생활을 위해 마음을 모아 주시면 고맙겠습니다.

이때 책읽기에 대해 집에서 해주실 일을 자세히 안내해드리면 좋겠습니다. 혹시 참가하지 못하시는 부모님을 위해서는 참가하신 분들께 나누어드린 자료를 통신문으로 만들어 아이들 편에 보내드렸더니 정말 좋아하셨습니다.

저는 이 참관 수업을 '책 읽어주는 수업'으로 하곤 하였습니다. 아이들과 부모님이 함께 읽으면 좋을 내용을 골라 한 시간 동안 책을 읽어주었습니다. 가끔은 학부모님들도 즉석에서 책읽기에 참여하시도록 하였는데, 잔잔하고 따뜻한 분위기가 정말 좋았습니다.

사람은 마음으로 배울 때 가장 잘 배운다고 합니다. 마음으로 배운다는 것, 그것은 내 안에서 나를 울게 하거나 감격하게 하는 강한 느낌을 안은 배움입니다. 마음을 움직이는 배움만이 나를 움직이고 우리를 변화시키는 힘 있는 배움이 될 것입니다.

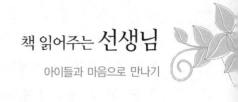

책 읽어주는 선생님

아이들과 마음으로 만나기

넌 부자야

보석상자와 금궤

그래, 넌 나보다 훨씬 부자야

그렇지만 난 네가 부럽지 않아

우리 엄마는 내게 책을 읽어주시니까 말이야.

-스트릭랜드 길리언

아주 오래전에 읽은 이 짧은 글은 오랫동안 제 마음속에 한 장의 그림 처럼 남아 있습니다. 그러다 보니 이제는 훌쩍 커버려 혼자서 책읽기를 더 즐기는 우리 아이에게도 자주 "책 읽어줄까?" 라고 묻게 됩니다. 그리고 우리 반 아이들에게도 틈만 나면 "얘들아, 책 읽어줄까?" 라고 하게 됩니다. 그런데 참 이상합니다. 아이들은 제법 나이가 들어도 역시 '누군가가 자신을 위해 책 읽어주는 것'을 좋아하는 것 같습니다. 왜 그럴까요?

아이들은 어렵고 복잡한 내용의 책이라 하더라도 누군가 들려줄 때는 혼자 읽을 때보다도 훨씬 더 잘 이해하는 경향이 있는 것 같습니다. 아이들이 열다섯 살이 되기 전에는 책을 읽는 것보다 듣는 데 훨씬 더 뛰어나다고도 하지요. 그러므로 아이들의 독서 수준보다 약간 높고 또 큰 소리로 읽어주기에 적당한 책을 골라 누군가 가깝고 정다운 사람이 읽어주는 것은 아이들의 평생 독서 습관을 기르는 데 아주 유용한 방법이라고 볼 수 있겠습니다.

그러면 책은 언제 읽어주는 것이 좋을까요?

저는 아이들의 입에서 "책 읽어주세요."라는 말이 나올 때라고 말하고 싶습니다. 또 '아이들과 눈이 맞았을 때' 읽어주면 좋을 것 같습니다. 그러면 우리는 아이들과 언제 눈이 맞을 수 있을까요? 아마 '마음이 맞을 때'라고 말할 수 있겠지요.

학급문고에서 빼낸 동화책을 보느라 수업 시작 종소리를 놓치는 선생님의 모습을 서너 번만 보고 나면 아이들의 입에서는 "읽어주세요!"라는 말이 저절로 나오지 않을까 싶습니다. 동화책 읽는 선생님의 모습만큼 아름답고 자극적인 독서 지도가 또 있을까요? 그리고 비가 와서 체육수업 하기 힘들 때나 눈이 오는 날, 아이들이 체육하고 들어와서 지쳐 있을 때, 수업 시작하기 바로 전에, 더운 여름날 5교시 시작할 즈음에, 그리고 선생님이 아이들에게 무언가 하고 싶은 말이 있을 때, 그때 우리들의 마음과 눈도 맞지 않을까 싶습니다.

저는 아침을 열 때(우리 반에서는 하루 일과를 시작하는 것을 '아침을 연다'고 하였습니다), 또 우리 아이들에게 하고 싶은 말이 있을 때 직접 말로 하지 않고 책을 읽어주며 제 마음을 전하곤 했습니다. 그랬을 때 아이들은 말로 하는 것보다 훨씬 더 잘 이해하고 받아들이는 모습을 보여주었습니다. 세월이 많이 흘러도 우리 아이들은 신기하게도 공부 시간에 교과서에서 배운 내용보다 선생님께 들은 이야기, 책 이야기를 자잘한 것까지도 더 잘 기억하고 있다는 걸 선생님들은 누구나 아십니다.

아이들과 선생님의 마음이 준비되고 분위기가 만들어졌다면, 이제 작은 소품을 준비해야겠습니다. 할 수 있다면 '사탕과 촛불'을 준비하면 더욱 좋겠습니다. 책을 읽어주고 또 들을 준비가 된 우리 아이들의 자세를 듬뿍 칭찬한 후에 전깃불을 모두 끄고 커튼도 내린 다음, 사탕을 하나씩 입에 물고 촛불 앞에서 듣는 선생님의 정다운 목소리… 그리고 흥미진진한 이야기…. 이때는 좀 떠듬거려도 괜찮지 않을까요?

책을 읽어주는 것이 좋은 이유는 또 있습니다. '천천히 읽을 수 있다는 것'입니다. 양과 속도의 시대에 '천천히 읽기'는 어울리지 않을지 모르지만, 그렇기 때문에 책읽기는 한 권이라도 천천히, 끝까지 읽어주어야 한다고 생각합니다. 책을 읽어주며 아이들이 책을 '마음으로 보도록' 이끌어주는 것, 이것으로 독서 지도를 시작하였으면 좋겠습니다. 그리고 많은 양의 책을 한 번씩 읽히기보다 한 권의 책을 여러 번 읽게 하도록 권하고 싶습니다. 열 권의 책을 한 번씩 읽는 것보다 한 권의 책을 열 번 읽는 것이 더 좋다고 하지요.

책을 읽어주거나 읽게 하고 나면 어른들은 반드시 뭔가를 해야 하지 않을까 하고 생각하시는 것 같습니다. 그리고 '독서 지도' 하면 책 읽고 다양한 활동을 하면서 그 결과물을 마련하는 것으로 연결 짓습니다. 그래서 책을 읽히고 나면 아이들에게 질문할 거리를 만들기 위해 고민하고, 나아가 창의성을 기르기 위해 더 좋은 문제를 찾느라고 바쁩니다. 우리가 정말 관심을 가져야 할 것은 아이들을 책과 만나게 하고 친해지게 하는 일인데 말입니다.

아이들에게 책 읽어주기를 계속해보면 누구나 알게 됩니다. 한글을 깨치지 못해 고생하던 1학년 아이가 두어 달 지나면 절로 책을 읽게 되고, 재미있는 책을 흥미진진하게 읽어주다 보면 저절로 "정말 그래요? 왜 그래요?" 하는 질문들이 쏟아져 나온다는 것을.

저는 권정생 님의 《사과나무 밭 달님》을 읽어주었을 때의 일을 오랜 시간이 지난 지금도 잊을 수가 없습니다. 제가 책 읽어주기를 다 끝내고 책을 덮었는데도 아이들은 한동안 숨도 쉬지 않고 꼼짝도 하지 않는 것이었습니다. 고개를 들어보니 선영이의 눈에서 커다란 눈물방울이 뚝뚝 떨어지고 있었습니다.

꼭 해야 한다면 저는 책 읽고 '명상하기'를 권하고 싶습니다. 책을 읽어주고 난 뒤 아이들에게 가장 기억에 남는 장면이나 인물을 하나 정하게 한 후, 눈을 감고 마음속으로 그 장면이나 인물에 대해 자세히 그려보게 하는 것입니다. 이때는 가능하면 자신에게 가장 감동적인 장면이나 본받고 싶은 인물을 정하게 하면 좋을 것 같습니다. 이 순간이 바로 집중력이 길러지는 순간이라는데 사실 그때는 저도 잘 몰랐습니다.

그때는 그냥 하루에 한 번 아이들과 명상하기를 하였는데, 처음에는 한동안 호흡을 가다듬고 난 후 '엄마'를 그려보라고 했습니다. 그리고 '아버지'도 그려보고, 방금 보고 온 꽃도 그려보고, 제일 친한 친구의 얼굴을 자세히 떠올려 보게 하기도 하였습니다. 꿈과 사랑 같은 눈으로 볼 수 없는 것을 그려보기도 하고, 숨 천천히 쉬기, 깊게 쉬기도 하였습니다. 그럴 때면 아이들은 한결같이 마음이 따스해지고 차분해지는 것 같아 좋다고 하였습니다. 언젠가 우리 반 아이들에게 정채봉 님의 동화를 읽어주고 난 뒤 명상하기를 했을 때 모든 아이들 얼굴에 잔잔히 피어오르던 웃음을 언제까지라도 잊을 수 없을 것 같습니다.

우리 모두가 아이들에게 "책 읽어라!" 하고 말하지 않고 "책 읽어줄까?" 라고 말하는 선생님이면 좋겠습니다. '책 100권 읽히기'보다 '책 100권 읽어주기'가 독서 지도의 목표인 선생님이면 좋겠습니다. 부모님께도 이렇게 부탁드려보세요. 역시 쪽지 알림장이면 좋겠지요.

부모님께

텔레비전 앞에 하염없이 앉아 있는 아이를 보면 마음이 답답하시지요? 그럴 때 아이에게 "그만 보고 네 방에 들어가서 책이라도 좀 읽어라." 라는 말 대신에 아주 잠깐이라도 마음을 내어 "이리 올래? 눕혀놓고 놀아줄게."라고 하시며, 부모님의 무릎에 아이의 머리를 누이고 쉬운 동화책을 읽어주거나 이야기로 들려준다면 우리 아이들이 얼마나 행복해 할까요? 요즘 우리 반에서는 '책 읽어주는 선생님'이 인기랍니다. 집에서는 책 읽어주는 부모님, 학교에서는 책 읽어주는 선생님, 그 안에서 책읽기를 즐기는 우리 아이가 힘차게 자라나게 될 것입니다.

책과의 만남이 이렇게 흥미진진하고 행복한 만남으로 시작되었으면 좋겠습니다.

그러면 어떤 책을 읽어주는 것이 좋을까요?

아이들의 마음을 움직일 수 있는 책, 또 교과 내용과 관련이 있는 책을 우선 고르는 게 좋겠습니다. 사회 시간에 민주주의나 현대사를 공부할 때, 경제 발전에 대해 공부할 때는 위기철 님의 《전태일》과 이원수님의 《불새의 춤》을, 그리고 법에 대해 공부할 때는 《인권 변호사 조영래》에서 한 부분을 고르는 것이 어떨는지요. 그리고 저는 아이들의 뒷모습에 대해 뭔가 말해주어야겠다고 느낄 때 정채봉 님의 〈그대 뒷모습〉이란 글을 읽어주었습니다. 아이들은 웃으며 제 마음을 이해해주었고, 자신의 뒷모습을 살피려는 마음을 천천히 보여주었습니다. 책과의 만남을 흔히들 간접 경험이라고 하는데, 가만히 보면 좋은 책은 직접 사람의 마음을 움직이는 것 같습니다.

우리 아이들이 좋아하는 '읽어주기' 자료로 또래 아이들의 일기글이나 생활글도 좋은 것 같습니다. 저는 가끔 우리 반 아이의 일기글을 본인의 허락을 얻어 읽어주곤 하였는데, 그러고 나면 학급 분위기가 얼마나 좋아지는지….

마음껏 상상의 날개를 펼치게 하고 싶을 때는 김요섭 님의 〈사랑의 나무〉를, 상대방에 대한 배려와 관심, 이해, 친절, 보이지 않는 마음의 크기에 대한 이야기가 필요할 때는 《내 영혼이 따뜻했던 날들》에서 〈두 개의 마음〉을, 진정한 친구와 큰 사람에 대한 감동을 주고 싶을 땐 법정 스님의 〈잊을 수 없는 사람〉을, 소풍이나 여행을 떠나기 전날엔 박재형 님의 〈3백원〉을, 동화 한 편에 담긴 이야기로 우리 아이들을 깊은 철학의 세계로 초대하고 싶을 때는 정휘창 님의 〈원숭이 꽃신〉을 펼쳤습니다. 아름다운 어른의 모습을 보여주고 싶을 때는 동화작가 권정생 님이나 옥수수 박사 김순권 님에 대한 이야기, 임길택 님의 〈정말 바보일까요?〉를, 하늘이 높아지고 우리들의 마음이 깊어질 때면 실물 화상기와 함께 읽어주는 아름답고 고운 그림책들을, 우리는 어떤 삶을 사는 사람이 되어야 할까를 말하고 싶을 때는 장 지오노의 〈나무 심는 사람〉을 읽어주었습니다(책 이야기를 들려주고 비디오를 함께 보고 나면 아이들의 눈빛이 달라졌지요). 그리고 우리 아이들을 울리고 싶을 때는? 아! 이건 너무 많아 고르기가 힘들 정도입니다.

이렇게 아이들에게 책을 읽어주다 보면 아이들의 마음은 스스로 읽고 싶어 하는 마음으로 가득 차게 되는 것 같습니다. 그리고 학급문고를 바라보는 눈빛이 더욱 간절해지기도 합니다. 이럴 때 아이들에게 '학급문고를 여는 잔치'를 제안하면 어떨까요?

"다음 주쯤 학급문고를 열었으면 해."

일 년에 **다섯 권만** 읽겠다는 아이

1년 독서 계획 세우기

4월이 열리고, '책 읽어주기'를 통해 아이들과 선생님 사이가
조금은 가까워지고 서로 익숙해졌을 때, 학급문고를 열자는 말을 하며
아이들에게 올 한 해 동안의 독서 계획을 세워보게 하면 좋겠습니다. 처
음엔 거창한 계획들을 세워오지만 아이들에게 계획을 어떻게 지켜나갈
것인지에 대해 구체적으로 질문하고 격려하면, 그 계획들을 줄이고 바
꾸어서 비교적 실현 가능한 계획을 스스로 세울 수 있게 됩니다. 어리면
어린 대로 자신의 뜻에 맞는 자신만의 독서 계획을 세워보는 일은 누구
에게나 필요한 가슴 벅찬 경험입니다.

이때 선생님께서 꼭 짚어주어야 할 것이 1년 동안 얼마나 되는 책을
읽을 것인지, 또 그만한 양의 책을 다 읽으려면 하루에 얼마나 읽어야

하는지, 또 하루 중 언제 책읽기를 할 것인지, 어떤 방법으로 할 것인지, 읽고 나면 어떻게 하고 싶은지 등을 구체적으로 묻고 또 생각해서 쓰게 해야겠습니다.

이때는 최대한 아이의 의견을 존중한다는 마음이 중요합니다. 설령 나중에 고치게 되더라도 처음엔 아이의 의견대로 할 수 있도록 해주어야겠습니다. 스스로 결정하고 결과에 대해 책임지는 자세를 경험할 수 있는 좋은 기회가 될 것입니다. 집에서 부모님과 의논해서 써와도 된다고 하여 이때부터 가정과 한 걸음 한 걸음 함께 가는 독서 지도가 되면 더 좋겠습니다. 선생님께서 아이들에게 예쁜 공책을 한 권씩 선물해서 거기에 쓰게 하면 더 좋을 듯도 합니다만.

우리 반에는 1년 동안 읽을 책으로 '다섯 권'의 목표를 세운 아이가 있었습니다. 자기는 책읽기를 정말 싫어해서 이것도 다 읽을 수 있을지 모르겠다고 했습니다. 저는 그 아이가 정말 귀여워서,

"너는 참 솔직하네."

"어쩔 수 없어요."

"너는 목표를 200퍼센트 넘게 달성하겠구나. 나하고 있으면 저절로 그리 될걸."

"힝, 설마요. 저 책 읽는 거 싫어해요."

"그래? 그런데 만약 내 말처럼 그리 되면 나한테 뭐 해줄래?"

"맛있는 것 사드릴게요."

"정말이지? 얘들아, 이 이야기 들었지? 자, 손가락 걸었다."

"예!"

　일주일쯤 시간을 두고 계획을 세우고 고치고 하는 동안, 아이들이 1년 동안 쓸 책갈피를 만들어보는 것도 좋겠습니다. 여러 가지 방법이 있겠지만, 처음엔 적당한 크기의 종이에 우리 학급의 상징 그림을 흑백 밑그림으로 인쇄한 책갈피 원본을 만들어주고 그것을 각자 꾸며보게 하는 것입니다. 색도 칠하고 좋아하는 말도 써넣고 이름도 써서, 세상에 하나뿐인 자신만의 책갈피를 만들게 하면 어떨까요? 이렇게 꾸며온 책갈피를 학교에서 코팅하여 자르고 예쁜 끈으로 묶어주면 아이들은 참 좋아하였습니다.

　독서 공책에 계획도 세우고 책갈피도 만들었으니 이제는 공책 이름도 지어야겠습니다. '지영이의 보물상자', '내 마음의 보석상자', '나의 보물창고' 등 영혼을 위한 보물상자를 만들고 간직하고 키워나가는 일이 이제 시작되는 것입니다.

　이제는 선생님께서 아이들의 계획서에 격려해주는 일이 남은 것 같습니다. 바쁘신 가운데서도 아이 한 명 한 명의 보물상자에 일일이 격려의 글을 써주신다면 우리 아이들이 얼마나 좋아할까요? 선생님들께는 많은 아이들이지만 아이 한 명 한 명에게는 두고두고 간직하게 될 소중한 보물상자가 되겠지요. 저는 하루에 몇 권씩 차근차근 써 모아 다 써주었습니다.

'우리 지영이가 정말 멋진 계획을 세웠구나. 이젠 힘차게 한 걸음씩 앞으로 나아가는 거야. 그치? 가다 보면 힘들고 그만하고 싶기도 하겠지만, 나는 우리 지영이가 잘 해내리라 믿어. 지영아, 우리 함께 해보자. 아자!'

학교에서는 아이들의 독서 실태를 알아보고 독서 지도의 실적을 위해 독서기록장을 쓰게 하는 경우가 많습니다. 표로 만들어 아이들에게 나누어주고 빈 칸을 메우게 하거나, 특별히 공책으로 제작하여 독서 후 활동 기록장으로 사용하기도 하는데, 이때 가능하면 표 같은 것을 간단히 만들어 보물상자 맨 앞장에 붙이게 해서 아이들이 자기가 읽은 책의 목록을 한눈에 볼 수 있도록 하면 좋을 것 같습니다.

아직 학급문고를 이용하지 않고 책을 읽어주기만 하는 이 시기에 선생님들께서는 유심히 아이들을 관찰하셔야 나중에 아이들에게 책을 권해주실 때 효과적일 것입니다. 아이들마다 독서 수준이 다르고 흥미가 다르기 때문에, 교과 시간이나 발표 활동을 할 때, 자기 소개를 할 때 등 여러 가지 방법으로 아이들의 수준과 흥미를 파악해두시면 좋겠습니다.

우리는 가끔 이런 질문을 받곤 합니다. '한 가지 종류의 책만 읽는 아이들에게는 그 아이가 좋아하는 분야의 책을 깊이 있게 많이 읽히는 것이 좋은가, 아니면 다양한 책을 권해야 하는 것인가?' 여러 가지 의견이 있을 수 있겠습니다만, 제 생각으로는 적어도 중학교까지는 가능하면 다양한 종류의 책을 많이 읽게 하는 것이 좋지 않을까 합니다.

부모님들께도 아이가 독서 계획을 세울 때 함께하고 도울 수 있도록 안내해드리면 좋겠지요.

부모님께

우리 아이들이 좋아하는 학급문고를 열고, 이제 아이들과 함께 1년 동안의 독서 여행을 시작합니다. 얼른 책을 읽고 싶은 마음으로 가득한 우리 아이들이 알찬 독서 여행을 할 수 있도록 먼저 1년 독서 계획을 세우려고 합니다. 가능하면 아이 스스로 세우고 보람을 느낄 수 있도록 세심하게 살펴봐 주시면 좋겠지요.

아이들은 성공하는 경험을 통해서도 격려 받고 성장하지만 실패를 통해서도 많은 것을 배운답니다. 작은 일을 실패하면서 고치고 새롭게 가다듬어가는 동안, 실패를 통해 배우는 귀한 경험을 할 수 있도록 해주는 것도 좋습니다.

그리고 또 한 가지, 계획을 세울 때 거창하고 원대한 계획을 세우는 것도 좋지만 아이의 능력에 비추어 충분히 해낼 수 있는 것보다 조금 작은 계획을 세우도록 이끌어주시면 좋겠습니다. 계획은 늘 지키지 못하는 것이라는 선입견을 이미 갖고 있는 아이들을 보며 저는 마음이 아팠습니다. 때때로 계획을 초과 달성하는 기쁨을 누리며 자신을 조금씩 키워가는 아이가 긍정적이고 적극적인 아이가 될 가능성이 더 높겠지요.

요즘 우리 반 아이들은 보물상자를 만들고 계획을 세우고 있으며, 저는 책갈피를 만들고 있습니다. 아이가 독서 계획을 세우고 부모님께 확인을 받으러 오면 듬뿍 칭찬하셔서, 학교에서도 선생님의 격려를 받을 수 있도록 해주면 좋겠습니다.

'우리 기영이의 계획이 참으로 꼼꼼하구나. 이렇게 계획대로 하면 올해 우리 기영이의 보물상자는 아름다운 보석으로 가득 차서 아주 큰 부자가 되겠는걸. 엄마 아빠도 우리 기영이가 이 계획을 잘 지킬 수 있도록 도와줄게. 우리 함께 해보자. −기영이에게 사랑을 담아 엄마, 아빠.'

이렇게 계획을 세우고 엄마 아빠께 격려를, 선생님께 지지를 받고 나면 아이들은 가슴이 부풀겠지요? 잔뜩 당겨진 활시위처럼, 놓으면 하늘 멀리 어디까지라도 갈 수 있을 것 같습니다.

이런 쪽지 알림장을 보내드렸더니 기꺼이 돕고 싶다는 부모님들도 계셨습니다. 두 권 세 권 쓰는 아이들을 위해 여분의 공책을 학급에 기증해주시기도 하고, 책갈피에 쓸 예쁜 끈을 잘라준다든지 하여, 우리 아이들이 저와 함께 마음을 맞추어 해나갈 수 있도록 조금씩 보이지 않게 도와주셔서 얼마나 힘이 되었는지 모릅니다.

나의 독서계획

우선 내일 학급문고를 여는 것에 대해 정말 기쁘게 생각한다.

독서 생활 계획이란 것을 세워본 적이 없기 때문에 어떻게 세워야 할지

모르겠다. 하지만 선생님께서 가르쳐주신 걸로 하면 금방 할 수 있을 것 같다.

계획을 처음부터 작은 걸로 차례차례 세워나가야 하겠다. 나는 일주일에

책 두 권 이상을 보겠다. 그리고 끝까지 읽겠다. 또 내용을 파악하면서 읽겠다.

실천 내용으로는

첫째, 책을 한번 손에 쥐면 끝까지 읽겠다.

둘째, 틈틈이 시간 나는 대로 책을 읽겠다.

셋째, 그 내용에 대해 생각이나 느낌을 가져보겠다.

그리고 다짐은 앞으로 책에 대해 관심을 많이 가지겠다. 그러니까 좀 더

책을 많이 읽고, 시간이 잘 나지 않더라도 틈틈이 책을 보도록 노력하겠다.

그리고 나의 계획이 얼마 가지 않아 무너지지 않았으면 좋겠다.

아이들에게 독서 계획을 세워보자고 할 때 가능하면 구체적으로 세워보게 하였지만 이 친구는 한사코 이렇게 편안하게 세우고 고치려고 하지를 않았습니다. 워낙 말이 없고 소극적인 아이라 더 이상 다그치지 못하고 계획을 잘 지켜보라고만 하였는데, 그 찬찬한 실천이 너무도 훌륭하여서 저는 아무 말도 못했던 기억이 납니다. 이 글을 보니 그 아이 얼굴이 금방 떠오르고 제 마음이 환해지네요.

나의 독서계획

오늘 이 일로 부모님과 말하는 시간을 한번 늘려본 것 같다. 특히 부모님과

의논하여 써 내려간 것이 좋았다고 생각한다. 그리고 책을 몇 권 읽을 것인지

고민하고 있을 때 엄마가

"6학년 동안 여름방학 겨울방학 등이 있으니 잘 생각해서 읽을 수 있다고

생각하는 만큼 적어보아라."

하고 말씀하셨다. 나는 약 100권은 읽겠다고 하였다. 그러나 아버지와는

의논할 수가 없었다. 오늘은 늦게 들어오셨기 때문이다. 하여간 적은

양일지도 모른다.

내가 책을 별로 읽지 않았기 때문에 읽는 속도가 느리다고 할 수 있다.

그리고 '나의 다짐'을 쓸 때는 엄마가

"잘 생각해서 쓰거라. 또 지키지 못할 다짐은 하지 말고."

라고 충고해주셨다.

"예."

우리 엄마는 참 현명한 분이라고 하겠다.

마음은 허공으로 다니기 때문에 금방 전해지고, 다니는 길이 정해져
있지 않기 때문에 오히려 어디나 전해진다고 합니다. 우리 아이들을 가
르치고 키우는 선생님과 부모님들이 이렇게 서로 믿고 돕는다면 우리

아이들은 지금보다는 훨씬 즐겁고 행복한 어린 시절을 보낼 수 있지 않을까 생각하였습니다.

자, 이쯤 되면 동기 유발은 된 셈일까요?

드디어 **학급문고** 여는 날!

학급문고 여는 잔치

요즘은 학교에서 모두 급식을 하니 학급 친구들끼리 한솥밥을 해 먹는 재미는 찾아보기 어려워진 것 같습니다. 큰 그릇을 준비하고 한 사람이 한 가지씩 각종 나물을 준비하여, 도시락 밥 모두 붓고 고추장 참기름 듬뿍 넣어 쓱쓱 비벼서는 코끝에 땀이 송송 맺히도록 퍼 먹는 한솥밥 먹기. 그래도 마음만 먹으면 토요일쯤엔 아이들끼리 의논하여 각자 준비한 도시락으로 한솥밥 먹기를 해보면 색다른 즐거움도 얻을 수 있겠지요.

독서 계획이 마무리되고 책갈피도 만들고 보물상자도 예쁘게 준비되었으면 이제 학급문고 여는 잔치를 해볼 수 있겠습니다. 한솥밥 먹기를 하면서.

토요일에 잔치를 계획하였다면 수요일이나 목요일쯤 미리 알려주면 부모님들도 아이들도 준비하는 데 어렵지 않겠지요. 한 사람이 한 가지 음식을 싸오는데 그 양을 충분히 하여, 서너 사람이 먹을 수 있는 양으로 준비해오게 합니다. 김밥이든 찐 고구마든 떡볶이든, 단 가능하면 집에서 직접 만든 것으로 하면 좋을 것 같습니다.

우리 반에서는 부모님들께 이런 쪽지 알림장을 보내드렸더니 매우 고마워하셨습니다.

부모님께

오는 주말에는 드디어 학급문고 여는 잔치를 합니다.

아이들이 가져온 '보물상자'를 "예쁘게 꾸며볼까?"라고 해주신다든지 격려 말씀도 듬뿍 써주시면서, 우리 아이와 제가 마음의 눈높이를 맞추는 일에 부모님께서도 함께 참여하실 수 있으면 얼마나 좋을까요?

음식을 준비하실 때는 조금 번거로우시더라도 손수 해주시고, 양도 조금은 넉넉하게 넣어주시면서 "옆반 친구와도 나누어 먹어라." 하고 말씀해주시면 학교 가는 우리 아이 발걸음도 훨씬 가볍겠지요.

토요일, 학급문고를 여는 잔치에 직접 참여하셔서 아이들과 함께 학급문고에 있는 책 구경도 하시고 손수 책도 권해주시면 또 얼마나 좋을까요? 어머니께서 어린 시절에 읽었던 책들도 있을 텐데요.

우리 선생님은 어떤 생각으로 어떻게 우리 아이들 독서 지도를 하시려

나 이야기도 들어보시고요. 함께 잔치 뒷정리도 하시면서 우리 아이 교실 책상 속도 한번 들여다보시면 집으로 돌아가는 길에 도란도란 이야기 나누기도 좋겠지요.

선생님께서는 이제 그날 아이들과 재미있게 할 수 있는 독서 행사를 준비하면 되겠지요. 여러 가지 놀이가 있지만 우리는 '학급문고의 책 이름 많이 쓰기'와 '저자 이름 쓰기'를 해보았는데 아이들이 아주 좋아하였습니다. 잔치를 하기 전날 아이들이 모두 집으로 돌아가고 난 뒤 흰 모조지를 사다가 학급문고의 서가를 다 가렸습니다. 물론 예고는 없었지요.

아침에 학교에 온 아이들은 엄청나게 아쉬워합니다. 학급문고가 열려 있을 때는 잘 생각나던 책의 제목들이 하나도 생각나지 않는다고 엄살을 부리는 아이들도 있고, 혼자서 열심히 생각해 미리 써보는 아이들도 있습니다. 그러나 다들 '아휴, 열려 있을 때 잘 볼걸!' 하고 아쉬워하는 것은 마찬가지입니다. 상이라고 해봐야 고작 제일 많이 쓴 친구에게 제일 먼저 책을 고를 수 있는 선택권을 주는 것뿐이었지만, 그래도 아이들은 너무나 재미있어 하였습니다.

학급문고 앞에 아이들 책상을 길게 붙이고 그 위에 준비해온 음식들을 모두 차려놓습니다. 가운데는 아이들의 보물상자를 쌓고, 그 옆엔 책갈피도 꽂아놓아 알록달록 예쁘게 꾸밉니다. 해를 거듭할수록 아이들의 장난도 늘어가서, 몇 년 전 우리 반에 그림 잘 그리는 아이가 있어 돼지머리도 그렸기에 음식 준비 못한 대신 지폐를 꽂아두었더니, 이웃 반 선생님들도 거들고 아이들도 거들어 책 서너 권은 너끈히 살 수 있는 돈이 모이기도 하였습니다.

약속한 시간이 되면 학급문고를 향해 빙 둘러서서 '잔치를 여는 글'을 낭송합니다.

유세차 모년 모월 모일 ○○학교 ○학년 ○반에서 학급문고를 열려고 합니다.

때는 우리 초등학교를 세운 지 ○년, ○○년 4월 열닷새. 산 좋고 물 맑은 해동하고도 우리 땅 우리 초등학교 ○학년 ○반에 학급문고 하나 만들어놓고, 이 땅을 지키고 사람들의 정신을 다스리시는 지엄하신 해동성왕, 인정 많은 서낭님네, 변화무쌍 서해 남해 동해 용왕님네, 근엄하신 신령님네, 아름다운 바리공주, 만능하신 여러 대감님들께 삼가 고하노니, 부디 찾아오시어 없는 돈에도 정성스레 차린 제물을 많이많이 잡수시고 앞으로의 액을 막아주시어 저희들이 올 한 해 동안 책 많이 읽고 보물도 많이 쌓아 더욱 건강하고 올바르게 자랄 수 있도록 굽어 살피소서.

모름지기 학생이란 배우는 자로서, 선생님들께도 배우고 친구들에게서도 배우고 언니 아우들에게서도 배우지만 그중에서도 책으로 배우는 것이 또한 크고 중요하다 들었습니다. 하여 올 한 해 동안 어떻게 책을 읽고 얼마나 읽을 것이며 어떤 목표를 향해 나아갈 것인지 꼼꼼히 계획도 세우고 각

오도 새로이 하여 여기 이 자리에 모였습니다. 책갈피도 만들었고 부모님께 칭찬도 들었습니다.

부디 바라옵건대 저희들이 이 야심찬 계획들을 한 친구도 실패하지 않고 모두 이루어, 겨울방학 시작하는 날에는 우리 교실이 보람과 기쁨의 함성이 가득 찬 곳이 되게 해주십시오.

물론 때로는 읽기 지루하여 다 읽지도 않고 부모님께 다 읽었다는 확인을 받으려 하는 유혹도 있겠지요. 목록을 그럴듯하게 채우기 위해 아주 짧은 우화 읽기로 '눈 가리고 아웅'하고 싶은 친구들도 있을 것입니다. 책 읽고 나면 쓰기로 한 보물상자를 대충 쓰거나, 쓰지 않고 다음 책으로 넘어가고 싶은 순간은 또 얼마나 많을까요? 그럴 때면 인간적으로 너무 미워하지는 마시고 부디 신통방통력을 부려주시어 가끔 꿈에 나타나 "요 녀석!" 하고 알밤 한 대만 내려주시면, 워낙에 착한 친구들이라 금방 반성하고 열심히 정직하게 책을 읽게 될 것입니다….

이렇게 시작한 잔치에서 아이들은 자신의 독서 계획을 발표하며 다짐도 하고, 친구들의 박수도 받게 됩니다. 그러고 나서 친구들과 준비해 온 음식도 나누어 먹고, 보물상자 첫 페이지를 열어 '내가 읽고 싶은 책 10'이란 제목으로 책 이름을 쓰기도 하였습니다.

아이들은 설레는 마음과 손길로 숨도 쉬지 않고 학급문고를 조심스레 열어봅니다. 얼마나 간절하였을까요? 우리 반 아이 한 명은 "선생님,

책에서 향기가 나는 것 같아요."라고 말하기도 하였습니다.

잔치는 손님이 많아야 흥이 나는 법. 옆반 아이들도 불러 준비한 음식을 함께 나누어 먹었습니다.

학급문고

드디어, 드디어, 드디어!

학급문고를 열게 되었다. 그동안 읽고 싶던 책들이 얼마나 많았던지

말도 못한다.

우선 학급문고 여는 잔치를 열었다.

음식을 차려놓고 겸손한 마음으로 대표 몇 명이 절을 했다. 나는 기독교라서

못했다. 이제는 음식을 먹을 시간이다. 떡볶이, 김밥, 계란, 떡, 만두 등을

먹었다. 무척 맛있었다. 그래서 배가 불룩하게 튀어나왔다. 체육복 바지가

맞지 않을 정도였다. 특히 김밥 맛은 최고였다. 지금도 눈앞에 아른거린다.

5교시 때와 6교시 때까지 읽고 싶던 책을 읽었다. 나는 다 못 읽은

《반갑다, 논리야》《고맙다, 논리야》를 읽었다.

이제는 학급문고를 많이 읽어서 지식을 많이 쌓아야 하겠다.

학급문고야, 안녕~

학급문고야, 반갑다~

고맙다, 학급문고야!

학급문고 여는 날

정말이지 기쁘다. 어서 빨리 학급문고를 빌려 읽고 싶은 마음이다.

오늘은 모두 음식을 많이 싸와 학급문고를 여는 고사를 지냈다.

먼저 모두 학급문고를 향해 절을 하였다. 그리고 돼지머리에 돈을 넣기도

하였다. 말로만 듣던 고사를 지내보니 정말 재미있었다.

선생님께서는 사진도 찍어주셨다.

특히 먹을 때는 제일 즐거웠다. 만날 만날 뷔페식으로 먹었으면 좋겠다.

그리고 우리가 낸 돈으로 더 많이 좋은 책을 사와 학급문고에 놓았으면

좋겠다.

독서기록장을 쓰는 것이 귀찮기는 하지만, 좋은 책을 많이 읽고 내 느낌을

솔직하게 표현할 수 있으니 정말 좋은 것 같다. 그리고 요번 1년 동안 절대로

우리 반 학급문고가 아무 탈 없이 후배들에게 물려질 수 있다면 좋겠다.

선생님! 정말 고맙습니다. 이렇게 좋은 책을 많이 볼 수 있도록 해주셔서

정말 감사드립니다.

이 글들은 1995년 6학년, 1996년 5학년 아이들과 함께한 잔치 이야기
인데 학급문집에 실려 있어 찾아냈습니다. 다시 읽어보니 그때 장면이
떠오르는 것 같아 저 혼자 즐겁습니다.

어떤 연구 보고에 의하면 아이들의 독서 습관 형성은 열다섯 살이 넘
으면 힘들어진다고 합니다. 무슨 일이든 그 일을 이루기에 적당한 때가

있는 것 같습니다. 아이들이 평생 간직해야 할 좋은 습관인 책읽기, 너무 늦기 전에 우리들의 마음과 힘을 모아야 하지 않을까요?

우리가 아이들을 사랑하는 일, 사랑한다고 말하는 것만으로는 충분하지 않은 것 같습니다. 아이들이 사랑받고 있다고, 충분히 사랑받고 있다고, 나는 사랑스러운 존재라고 느낄 수 있어야 합니다.

4월이 사뿐사뿐 지나가는 때입니다.

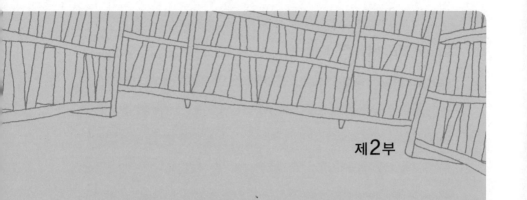

제2부

책과 함께 놀기

지금은 독서 중

아침독서와 짬짬이 독서법

이제 학급문고를 열었습니다. 아이들은 팽팽히 당겨졌다 시위를 떠난 화살처럼 힘차게 나아갑니다. 그러나 한번 청소했다고 언제나 깨끗한 교실이 되지는 않는 것처럼, 독서 지도도 한번 마음먹고 했다고 해서 다 되는 것은 아닌 것 같습니다.

아이들의 관심과 흥미가 꾸준히 이어지도록 이끌어주고 밀어주는 일, 어쩌면 이것이 더 힘들고 중요한 일인지도 모릅니다. 이러한 노력들이 한동안은 쉼 없이 이루어져야 비로소 아이들도 독서를 즐기게 되겠지요. 저는 그 기간을 1년으로 정했습니다. 1년 동안 학교와 집에서 어른들이 마음을 모아 보이지 않게 도와준다면 가능하지 않을까 생각했습니다.

먼저 아침에 학교에 오면 학급문고에 있는 책을 한 권 뽑아 일단 책상에 올려놓게 합니다. 그리고 틈이 나면 책을 펴서 읽게 합니다. 그러나 아직은 집에 가져가는 대출은 안 됩니다. 책 읽는 습관이 어느 정도 몸에 배게 될 때까지 학교에서 함께 읽기를 계속하는 것이 중요합니다.

학급문고를 열고 처음 다섯 권까지는 제가 골라주는 것을 읽어야 합니다. 우리 반의 약속이었지요. 다섯 권을 다 읽은 사람은 본인이 읽고 싶은 책을 골라 읽을 수 있습니다. 열 권을 다 읽고 확인을 받으면 그때부터는 집에 가져가는 대출이 시작됩니다. 스무 권을 읽으면 별을 하나 목록표에 붙여주고, 별 두 개를 받으면 '토요잔치 초대권'을 받게 되지요('토요잔치'에 대해서는 뒤에서 따로 소개하겠습니다). 아이들의 목록표에 별이 보이기 시작하면 여름이 깊어가는 때가 아닐까 합니다.

우선 학급문고 책장 옆에 작은 책꽂이를 하나 따로 마련하여 '지금은 독서 중'이라는 제목을 붙여둡니다. 그리고 아침에 학교에 오면 그곳에 있는 책을 가져다가 하루 동안 읽고, 집에 가기 전에 다시 그곳에 꽂아둡니다.

아침 자습 시간이나 수업 시간 중에 5분 정도의 시간을 내어 하루에 한두 번이라도 '짬짬이 독서'를 하면 좋겠습니다. 그럴 때는 가능하면 시간을 정해두고 다 함께 시작하여 다 같이 마치게 하면 효과적입니다.

"자, 지금부터 5분 동안만 책읽기를 하겠어요. 준비합시다. 시작."

......

"자, 그만! 모두 책갈피를 꽂아주세요. 다음에 또 읽겠어요."

그러면 아이들은 더 읽고 싶어서 "선생님, 2분만 더 읽어요. 아니, 1분만 더!" 라고 소리칩니다. 그때 더 읽게 하면 재미가 없어집니다. 아쉬움을 남겨두어야 아이들의 관심은 계속된답니다. 사실 궁극적으로 우리가 독서 지도를 하는 목적은 바로 이런 것이 아닐까요? '책을 읽고 나서는 계속 더 읽고 싶어 몸살 나는 아이로 이끄는 것.'

그렇게 짬짬이 읽고 난 뒤, 집에 가기 5분쯤 전에 독서 공책(보물상자)을 꺼내 날짜를 쓰고 오늘 읽은 내용 중 가장 마음에 드는 부분을 골라 아주 조금이라도 써두게 합니다.

3월 25일

《하느님의 눈물》/ 권정생 님/ 산하어린이

"하느님, 하느님은 무얼 먹고 사셔요?"

어두운 하늘에서 부드러운 음성이 들렸습니다.

"보리수나무 이슬하고 바람 한 줌, 그리고 햇빛 조금 마시고 살지."

"어머나! 그럼 하느님, 저도 하느님처럼 보리수나무 이슬이랑 바람 한 줌,

그리고 아침 햇빛을 먹고 살아가게 해주세요."

"그래, 그렇게 해주지. 하지만 아직은 안 된단다. 이 세상 모든 사람들이

너처럼 남의 목숨을 소중히 여기는 세상이 오면, 금방 그렇게 될 수 있단다."

"이 세상 사람들 모두가요?"

"그래, 이 세상 사람 모두가."

하느님이 힘주어 말했습니다. 그리고는 잠시 사이를 두었다가 다시

말했습니다.

"하지만 내가 이렇게 애타게 기다리는데도 사람들은 기를 써가면서 남을

해치고 있구나."

돌이 토끼 얼굴에 물 한 방울이 떨어져 내렸습니다. 하느님이 흘린

눈물이었습니다.

이렇게 며칠 동안 읽기를 계속하면 어느새 한 권을 다 읽는 아이들이
생깁니다. 그러면 책과 독서 공책을 가지고 곁으로 오라고 하여 묻습니다.

"읽을 만했어? 난 이 책 읽고 진짜 많이 울었는데 넌 어땠어?"

"이 책 다 읽는 데 며칠이나 걸렸어?"

이렇게 자연스레 이야기를 나누면 좋지 않을까요? 그리고 다음 책을
또 골라줍니다.

이때 처음부터 아이들이 읽고 싶은 책을 직접 선택하게 하기보다, 기
간과 목표를 정해서 먼저 선생님이 골라주는 책을 다 읽으면 읽고 싶은
책을 고를 수 있는 자유를 누리게 하면 어떨까요? 이때 선생님께서 골라
주시는 책은 아이의 독서 수준보다 조금 낮은 것으로, 다양한 종류를 미
리 준비해두시면 좋겠습니다. 그래서 목표를 세우고 실천하여 다음 단

계로 넘어가는 성취감을 느끼며 적극적으로 격려 받는 가운데 서서히 책과 친해지게 하는 것입니다.

한 달 안에 선생님이 권하는 책 다섯 권을 다 읽으면 상도 받고 책 선택권도 주어진다고 하면, 책 읽는 학급 분위기를 만드는 일이 좀 더 쉬워지지 않을까요?

학급문고

선생님께서 골라주신 책의 주인공인 현경이와 나는 비슷한 아이인 것 같다.

그러면서 나보다 조금 의젓할 뿐.

그래서 선생님이 이 책을 골라주셨나 보다. 아직 조금밖에 읽지 못하였지만

꼭 내가 이 책의 주인공 같다. 특히 말 돌리는 것, 그리고 얌체짓 하는 것,

완전히 붕어빵이다….

따뜻한 사람

선생님이 이 책을 권해주셨을 때 엄청 기뻤다. 왜냐하면 전부터 읽고 싶었기

때문이다. 현진이는 슬프다고 했다. 점심시간의 틈을 타서 읽기 시작했다.

진수란 아이는 '기차 박사'라고 불릴 만큼 기차에 대해서 잘 알았다.

새 선생님이 진수네 집에 있을 때부터 진수는 성적이 오르고 또 그걸

시기하는 아이들도 더러 있었다. 난 여기까지는 재미있다고 생각했다.

하지만 그 다음을 읽을 때는 생각이 달라졌다. 진수 아버지께서 미친 여자를

구하려다 돌아가신 것이다. 이 부분을 읽을 때는 눈물이 나왔다.

장례식이 끝난 후 불행은 계속되었다. 어머니가 정신이 이상해진 것이다.

어머니를 보고 웃고 낄낄대며 놀리는 아이들은 정말 미웠다.

어머니는 기도원에 들어갔다.

근데 김씨의 말 한마디에 또 눈물이 흘러내렸다.(찔끔찔끔) 어머니가

낭떠러지에서 떨어지신 것이다. 진수가 울 때 아이들은 위로해주었다.

그때 도와주시는 송 선생님은 정말 따뜻한 사람이었다.

다행히 어머니의 정신은 되돌아왔다. 난 다행이라고 생각했다.

슬프게 끝나지 않아서이다.

줄거리는 내가 간추려 썼다. 그치만 감동은 간추릴 수가 없다.

난 이런 좋은 책을 5학년 때 가장 많이 보는 것 같다. 우리 선생님 덕분에….

　　제가 가까이서 본 우리 아이들은 어떤 일이든 '억지로 시켜서 하는 일은 싫다' 하는 특성을 가진 것 같았습니다. 재미있는 놀이라도 억지로 하는 것은 싫은데, 어쩌면 지루하기까지 한 책읽기를 억지로 시켜서 하게 한다는 것은 정말 어려운 일일 것입니다. 가능하면 억지로 한다는 느낌 없이, 하고 싶어서, 재미있어서 하는 가운데 독서 습관이 저절로 몸에 배게 만드는 것이 정말 우리가 꿈꾸어야 할 독서 지도가 아닐까 생각해봅니다.

　　부모님들께는 이런 쪽지 알림장을 보내드리면 어떨까요?

학급문고를 열고 책읽기를 시작하였습니다. 집에서는 어떻게 도와주시면 좋을까요?

우선은 학교에서 어떤 계획으로, 어떻게 지도하려고 하는지를 구체적으로 알고 계시면 좋겠습니다. 알 수 있는 좋은 방법이 있을까요? 부모님들께서는 학년 초에 있는 학부모 수업 참관을 통해서도 알 수 있고, 개인적으로 저와 상담을 하셔도 알 수 있습니다. 둘 다 불가능할 경우엔 알림장을 통해 연락을 하셔도 좋겠지요.

처음에는 학급문고에서 제가 골라주는 책을 다섯 권 읽으며 부모님께 확인을 받으러 올 것입니다. 그 다음엔 우리 아이가 읽고 싶은 책 다섯 권을 골라 읽게 될 것입니다. 그러고 나면 책을 집에 가져가서 볼 수 있는 대출이 시작됩니다. 가끔 보물상자의 앞에 붙어 있는 목록표('나의 마음이 커갑니다')를 보시고 우리 아이가 요즘 어떤 책을 읽고 있는지, 얼마나 읽고 있는지 관심 가져주시면 고맙겠습니다. 책을 다 읽고 부모님의 확인을 받으러 오면 다정하게 이야기도 나누어주시면 어떨까요?

혹시 우리 아이의 독서 지도에 대해 궁금한 점이나 하시고 싶은 말씀이 있으시면 언제나 학교로 연락해주십시오. 늘 기다리고 있겠습니다. 저는 우리 아이들의 독서 수준이나 독서 취향을 비교적 객관적으로 판단할 수 있는 자료들을 가지고 있어, 부모님들께서 궁금해 하시거나 필요로 하시는 부분에 대해 도움을 드릴 수 있답니다. 부모님들께서 관심을 가지시고 저와 마음의 눈높이를 맞추신다면 우리 아이 독서 지도를 훨씬 쉽게, 효과적으로 해낼 수 있지 않을까 합니다.

온 세상이 초록으로 물들었습니다. 우리 아이들 마음도 초록빛으로 물들어가고 있을까 가만 눈을 감아봅니다.

조급함이 아이와 책을 멀어지게 한다

천천히, 깊이 읽기

아이들에게 가끔 물어보곤 했습니다.

"얘들아, 너희들은 책을 왜 읽니?"

그러면 아이들은 참 씩씩하게 대답합니다.

"재미있잖아요."

아이들이 벌써 책 읽는 재미를 아는 것일까요? 알고 이렇게 말하는 것일까요? 그러면 아이들은 모든 책을 다 재미있어 할까요? 그렇지는 않은 것 같습니다. 만약 그렇다면 우리가 아이들에게 책을 읽히기 위해 이렇게 고민할 필요는 없겠지요. 진정 책 읽는 재미를 아는 아이, 책의 맛을 아는 아이로 키우기 위해 우리는 지금 서로 마음을 모으고 있는 중입니다.

우선 어른인 우리가 먼저, 왜 아이들에게 책을 읽히려고 하는지를 알았으면 좋겠습니다. 그래야 책을 읽지 않는 아이들을 이해할 수도 있고, 또 아이들이 알아들을 수 있도록 쉽게 말해줄 수도 있을 것이며, 책읽기를 어려워하는 아이들을 효과적으로 도와줄 수도 있겠지요. 그래야 우리도 아이들과 함께 책 읽는 일이 즐거울 것이기 때문입니다.

사람들마다 책을 읽는 이유나 목적이 다를 수 있겠지만, 저는 아이들에게 책을 읽히는 목적을 '우리 아이들이 생각하는 힘을 가진 아이들로 자라나게!' 라고 말하고 싶습니다. 간접적이긴 하지만 책을 읽으면 많은 생각들을 하게 됩니다. 그러나 사람이 책을 읽고 생각을 많이 한다고 해서 저절로 생각하는 힘이 길러지는 것일까요? 꼭 그렇지는 않은 것 같습니다. 보고 듣고 느끼고 생각하는 것을 실제 행동으로 옮겨보고 경험해가는 가운데 비로소 '생각하는 힘'이 길러지는 것이 아닌가 합니다.

사람은 마음속에 어떤 생각을 가지고 있는가에 따라 살아가는 모습이 참 다르다는 생각이 듭니다. 무위당 장일순 선생님은《노자 이야기》라는 책에서, 말이나 행동을 조심하려고 하기 전에 마음을 잘 닦으라고 하십니다. 마음속에 바른 생각(그분은 '도'라고 하시지요)을 잘 모시고 살면 구태여 말이나 행동에 조심할 까닭이 없다고 하시면서.

생각하는 힘을 기르기 위해서 우리는 얼마나 많은 책을, 어떻게 읽어야 하는 것일까요? 사람들은 가능하면 보다 많은 책을 읽는 것이 좋다고

들 합니다. 그러면서 짧은 시간에 조금이라도 더 많이 읽기 위해 속독을 배우라고도 합니다. 게다가 정해진 프로그램에 따라 '일주일에 몇 권' 양을 정해놓고 번갈아 가져다주며 읽으라고 강요하기도 합니다. 그러나 책을 읽는 목적이 지식이나 정보를 얻기 위한 것이 아니라 생각하는 힘을 기르기 위해서라면, 또 평생 책읽기를 즐기는 아이로 키우기 위한 것이라면, 그렇게 많은 책을 쫓기며 읽기보다는 한 권이라도 좋은 책을 골라 천천히, 깊이 읽는 것이 더 중요하지 않을까 합니다. 읽고 난 뒤에는 충분히 갈무리할 시간도 필요할 텐데 말이지요.

게다가 책을 정해진 시간 안에 다 읽고 확인을 받아야 한다는 부담은 아이들에게는 사실 참으로 난감한 일입니다. 이것은 아이들에게서 책 읽는 즐거움을 확실히 빼앗을 수 있는 방법을 찾고 있는 어른들이 계신다면 그분들께나 권해볼 만한 일이지, 아이들에게 책 읽는 즐거움을 주려고 생각하는 어른들이라면 반드시 피해야 할 방법이 아닐까 합니다. 아이들도 책의 맛을 알게 되고 자신이 필요하다고 생각하면 엄청난 속도로 책을 읽기도 하며 밤을 새워 읽기도 한답니다.

부모님들께는 조금 여유 있는 마음을 가질 필요가 있음을 강조해주셔야 할 것 같습니다.

먼저 책을 많이 읽는데도 독해력이나 글짓기 실력이 늘지 않는다고 조급하게 생각하지 마시기를. 또 스스로 책을 읽을 줄 모른다고 다른 아이와 우리 아이를 견주지 말았으면 합니다. 아이들은 누구나 다 다르며, 읽기도 쓰기도 자기만의 속도로 자라고 발전해간다는 사실을 잊지 말았으면 좋겠습니다. 우리가 아이들에게 진심으로 기대하는 것이 책읽기를 즐기는 아이, 그래서 누가 시키거나 확인하지 않아도 스스로 찾아 읽는 아이로 키우고자 하는 것이라면 말이지요.

쉼 없이 틈틈이 책을 읽어주고, 책과 관련된 좋은 기억들을 많이 만들어주며, 좀 어렵고 힘든 일이긴 하지만 아이와 함께 동화책을 찾아 읽는 모습을 보여주기 위해 우리가 더 많은 고민을 했으면 좋겠습니다. 정말 가르치고자 하는 마음이 있다면, 이치나 순서를 늘어놓기보다는 직접 해 보이는 쪽이 더 좋은 것이라고 합니다.

책 읽는 데도 **방법이** 있을까?

이야기 글의 6하 원칙

혼자서 책을 읽기 시작한 아이들을 보며 선생님과 부모님을 포함한 어른들은 왠지 대견함보다 불안함을 먼저 느끼는 것 같습니다.

'내용을 다 이해하며 읽고 있을까?'

'책은 읽는데 왜 성적은 오르지 않을까?'

'어떻게 해야 독해력을 기를 수 있을까?'

'책을 그렇게 많이 읽는데 글로 표현하는 솜씨는 왜 늘지 않을까?'

이런 생각들을 하시며 마음을 졸입니다. 그래서 마음을 내어 책을 읽어주고서는 또 아이들에게 끊임없이 질문을 하고, 글로 표현하게 하고, 각종 실적물을 만들어 독서 효과를 확인하려고 하십니다.

학교에서는 학년별 권장도서 목록을 만들어 책을 읽게 한 후, '독서 평가'라고 하여 지필 평가를 합니다. 게다가 평가 결과를 가지고 상을 주기까지 합니다. 지필 평가를 하지 않으면 '독서 골든벨'이나 '독서토론'과 같은 행사를 통해 아이들을 다그칩니다. 하지만 이렇게 정해진 잣대를 가지고 평가를 하고 다른 아이와 견주기 시작하면, 아이들은 책을 읽을 때 자신만의 생각으로 책을 읽지 않고 평가 문항에 맞추어 생각하게 되며, 자신의 흥미나 독서 속도보다는 어른들이 정해준 기준에 맞추어 책을 선택하고 읽게 되는 것 같습니다.

이러한 책읽기라면 아이들에게는 수업 시간에 하는 공부와 하나도 다를 것이 없게 되겠지요. 그래서 시켜야 하고, 정해진 대로만 하며, 심하면 억지로 하는 아이들이 될 것입니다.

그러면 어른들은 왜 그러는 것일까요?

늘 이러한 질문이 제 마음에 남아 있었습니다. 그래서 선생님들께 여쭈어보면 "그러면 어떻게 독서 지도를 하면 되지요?" 하고 물어오시는 것이었습니다. 진정 우리에게는, 스스로 좋은 책을 골라 읽으며 자유롭게 상상하고 생각을 기를 수 있는 아이만의 시간과 공간을 제공하고, 그 안에서 우리 아이들이 무한한 꿈을 키울 수 있도록 지도할 방법이 없는 것일까요?

저는 '한 1년만 학교와 학부모님이 마음을 모아 힘껏 도우면 이렇게 될 수 있지 않을까?' 하고 생각하였습니다. 단, 아이들한테는 절대 비밀로 한 채 말입니다. 저는 '우리 아이들이 독서 지도를 받고 있다고 느끼지 않게 도와주는 독서 지도'를 정말 해보고 싶었습니다.

어떻게 하면 좋을까요?

먼저 우리 아이들에게 책을 읽어주는 일부터 시작하면 된다고 말씀드리고 싶습니다. '책을 읽혀야지!' 하는 목적이나 '꼭 읽어야 해!' 라는 주장 없이 그냥 읽어보니까 재미있어서, 아이들이 재미있어 할 것 같아서 읽어주는 일이었으면 좋겠습니다. 그렇게 해주시는 선생님을 보고 아이들이 집에 가서 동생들에게 읽어주기도 하고 부모님께도 읽어주고 싶은 마음이 들 때까지만 계속할 수 있었으면 좋겠습니다.

이때 꼭 강조해야 할 것이 있다면 '이야기 한 편이든 책 한 권이든 일단은 끝까지 읽어보기' 정도면 좋을 것입니다. 그리고 가끔 숙제를 내주실 때 '부모님께 동화 한 편 읽어드리기', '동생에게 10분 동안 책 읽어주기'와 같은 숙제를 내주시면 좋겠습니다.

한동안 읽어주기를 하고 난 뒤엔 자연스럽게 읽은 내용이나 들은 내용을 이야기해보게 합니다. 아침마다 한두 명씩 나와서 이야기해주는 시간을 가져도 좋고, 국어 시간에 잠깐 틈을 내거나 재량 시간을 이용해도 좋겠지요. 이럴 때 평소에 잘 보아두셨다가 수행평가에 반영해도 좋지 않을까요? 한꺼번에 몰아서 시험 치듯 하는 수행평가가 아니어서 아이들은 더 편안해 하고 좋아하지 않을까 합니다.

이때 아이가 자신의 말로 책의 내용을 이야기할 수 있으면 아이는 충분히 책을 이해하며 읽었다고 보아도 좋을 것입니다. 선생님들께선 아이의 이야기를 들을 때 그 내용이 다음과 같은 요소를 포함하고 있는지 판단하며 들으시면 되겠지요.

- 이야기의 주인공은 누구인가? (주인공)
- 주인공은 어떤 상황에 놓여 있는가? (상황)
- 주인공은 어떤 행동을 하였는가? (행동)
- 왜 그런 행동을 하였는가? (동기)
- 주인공의 행동을 방해하는 요소는 무엇인가? (방해)
- 결과는 어떻게 되었는가? (결과)

이를 한 줄로 죽 이으면 '주인공/상황/행동/동기/방해/결과' 이렇게 됩니다. 기사를 쓸 때 6하 원칙을 생각하듯, '이야기 글의 6하 원칙'이라고 생각하시면 되겠습니다.

아이들의 이야기를 들으며 이 여섯 가지 요소를 기준으로 이야기를 정리하면 이야기의 전체적인 구조가 드러날 것입니다. 만약 아이의 이야기에서 빠진 요소가 있다면 듣는 중간 적당한 시점에 아이에게 질문을 해서 아이 스스로 찾아내게 도와주시면 되겠지요.

"주인공이 왜 그렇게 했을까?"

"행복하게 살았으면 좋겠다. 그치? 근데 누가 자꾸 못하게 하는 거지?"

이야기 글 속에는 모두, 항상 그런 것은 아니지만 대개의 경우 위의 여섯 가지 요소가 갖추어져 있다고 합니다. 국제적인 것이라고 하는 이 기준은 이야기 글의 줄거리를 요약할 때도 매우 편리합니다. 뿐만 아니라 우리가 이야기 글을 직접 쓸 때도 유용한 기준인 것 같습니다. 이때 용기를 내어 발표해준 친구에게는 칭찬을 듬뿍 해주시고, 학급에서 마련한 선물도 주시면 좋겠습니다. 저는 이럴 때 '토요잔치 초대권'을 선물로 주었습니다. 한동안 이렇게 진행하고 난 뒤엔 아이들에게 이 여섯 가지 요소를 직접 가르쳐주는 것도 좋겠습니다.

이제 이야기가 끝나면 이렇게 물어보면 어떨까요?

"너라면 어떻게 할 것 같니?"

그러나 처음부터 이러한 물음에 꼭 답을 들으려고 하지는 않았으면 좋겠습니다. 그냥 아이들과 함께 있어보면 우리는 알게 됩니다. 우리 아이들은 감시당하거나 평가받는다는 느낌을 좋아하지 않고 무엇이든 자발적인 것을 좋아하는, 진실로 자유로운 영혼을 가진 존재라는 것을.

그리고 때때로 이런 질문도 해보면 좋겠습니다.

"이 작가는 왜 이런 이야기를 썼을까?"

조금은 어려운 질문이지요. 아이들이 고개를 갸웃하면 선생님께서는 웃어주시면 좋겠습니다.

"그냥 한번 그런 생각을 해봤어."

우리 아이들은 두려움이 없을 때 가장 잘 배운다고 합니다. 아이의 마음을 죄는 것이 없을 때 비로소 창의적인 사고가 이루어진다고 하지요. 그러므로 우리가 아이들을 위해 해줄 수 있는 일 중 중요하고도 큰 일은 바로, 두려움 없이 더 배우고자 하는 내적 자발성을 아이들 마음속에 불러일으키고, 자유로운 가운데 그러한 의지가 지속될 수 있도록 쉼 없이 새로운 열기를 불어넣는 정성스러움을 끝까지 유지하는 것이 아닐까 합니다. 이 부분은 부모님들께도 꼭 알려드리면 좋겠습니다.

부모님께

정성스럽게 숙제 확인도 해주시고 책읽기에 관심 가져주신 부모님들께 진심으로 감사드립니다.

요즘 우리 아이들은 '이야기 글 요약하기 방법'을 배우며 조금씩 연습하고 있는 중입니다. 우리 아이에게 한번 설명해달라고 해보시면 어떨까요? 그리고 가능하면 자주, 오랜 시간 아이와 함께 책을 읽거나 읽어주는 일을 자연스럽게, 강요하지 않고 할 수 있었으면 좋겠습니다. 1년 동안 쉬지 않고 하기로 마음먹었으니 조금은 마음을 넉넉하게 가지셔도 되겠지요.

책을 읽지 않는다고 아이를 나무라지 마시고, 아이에게 정말 읽히고 싶은 책이 있다면 그냥 부모님께서 먼저 읽어보시라고 감히 말씀드리고 싶습니다. 꼭 아이에게 책 읽는 모범을 보여주기 위해서가 아니라도 말이죠. 그리고 하루 이틀 이렇게 했다고 해서, 한두 주일 열심히 했다고 해서 우리 아이가 금방 따라할 거라는 기대는 제발 하지 마시기 바랍니다. 평생 책읽기를 즐기는 좋은 습관을 기르는 일인데 그것이 그리 쉽게 될 수 있을까요?

우리가 아이에게 피아노 가르칠 때를 견주어보면 좋겠습니다. 1년 연습해서 베토벤을 연주할 수 있으리라고 기대하시는 부모님은 계시지 않겠지요. 무엇인가를 하나 즐기게 될 때까지는 처음의 지루함을 참고 견디는 인내와 오랜 시간의 끈기, 그리고 노력이 필요합니다.

어떤 일을 통해 얻게 되는 재미와 보람은 그 일을 익히기까지 고생한 만큼의 크기에 비례해서 주어지는 것이 아닐까요? 늦게 시작해도 꾸준히 하고 쉼 없이 한다면 결코 불가능한 일은 아니라고 생각합니다. 오히려 늦게 시작하는 친구들에게는, 목표를 정하고 그 목표를 향해 조금씩 자신을 발전시켜가는 재미를 누릴 수 있다는 좋은 점도 있답니다. 예를 들면 오늘 10분 집중해서 책을 읽었다면 내일은 11분, 그리고 그 다음날은 12분… 이렇게 해나가면 그리 어렵지 않게 책에 집중하는 시간을 늘릴 수 있고 또 재미를 붙일 수 있겠지요.

특히 학교에서 '책 읽어주기' 같은 숙제가 나오는 날이면 '듣는 자세'

를 보여줄 수 있는 좋은 기회로 삼으시고, 설거지나 집안일은 잠시 미루어두시더라도 꼭 잘 들어주시기 바랍니다. 그러면 아이들은 책 읽어주는 것이 듣는 기쁨만큼이나 크다는 것을 알게 된답니다. 책 읽어주는 기쁨을 알게 된 아이들은 스스로 읽는 것도 더 쉽게 하게 되며, 다른 사람에게 책 읽어주는 것도 즐기게 되는 것 같습니다.

그리고 알림장에 잘 들었다는 확인과 함께, 숙제를 잘했으니 선생님께서도 칭찬해주시라는 부탁도 함께 보내주시면 좋겠지요. 부모님의 칭찬 부탁이 담긴 알림장을 가지고 학교에 오는 우리 아이의 발걸음이 얼마나 가벼우며 그 마음이 얼마나 행복한지, 우리 어른들이 조금만 더 알아주신다면 정말 좋을 텐데요.

그리고 위에서 설명한 '이야기 글 6하 원칙'도 자세히 풀어서 알려주시면, 부모님들께 든든한 자신감도 함께 드리게 되어 더욱 좋지 않을까요?

〈들꽃〉 읽어드리기

5월 28일. 날씨 : 맑고 포근하였다.

일기의 주제가 〈들꽃〉 시 읽어드리기였다. 공책을 꺼내어 어머니께 시를 읽어드렸다. 어머니께서 매우 기뻐하시면서, 들꽃은 비바람 맞으며 어렵고 힘든 속에서도 아름다운 향기를 내며 아름다움을 잃지 않고 아름다운 모습으로 모든 사람들에게 기쁨을 주는 것과 같이, 너도 살아가면서 어렵고

힘든 사람들에게 손과 발이 되어 그들에게 용기를 줄 수 있는 아름다운

마음과 모든 사람들에게 도움을 줄 줄 아는 고운 마음으로 세상을 살아갔으면

좋겠다고 하셨다.

부모님과 이야기를 나누면서 많은 것을 깨달았다.

　우리 반에서 제일 말이 없기로 유명했던 아이의 글을 문집에서 꺼내

왔습니다.

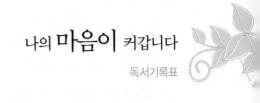

나의 **마음이** 커갑니다

독서기록표

저는 아이들의 보물상자 맨 앞에 붙여놓은 '독서기록표'에 이름을 붙여주었습니다.

'나의 마음이 커갑니다.'

책을 한 권 한 권 읽는다는 것은 생각하는 힘이 길러지고 마음을 키우는 것임을, 아이들이 그 공책을 볼 때마다 자연스레 눈에 익도록 해주고 싶었습니다. 마음에 드는 책을 골라 날마다 조금씩 아껴가며 읽고, 다 읽고 난 뒤에는 한 권 한 권의 느낌과 감동을 마음에 쌓아가듯이 써가는 독서기록장.

한 줄이 채워질 때마다 학교에서는 선생님께 칭찬을 듣고 집에서는 부모님께 격려를 받을 수 있으니 더욱 신나는 일이 되겠지요. 저는 아이들에게 이 보물상자를 오래오래 보관하여서 피아노 상자에 채우라고 말해주었습니다. 오에 겐자부로 님의 이야기를 들려주면서.

노벨문학상을 받기도 한 일본의 오에 겐자부로 님은 어렸을 때 도서관이 없는 곳에서 살았다고 합니다. 이웃 마을에 책방이 있었지만 가난하여 책을 사기도 어려웠다지요. 책은 늘 빌려 읽었는데, 소년 시절부터 그는 교과서든 보통 책에서든 상관없이 눈에 띄는 재미있는 말, 옳다고 생각되는 말을 노트에 적어두었다고 합니다. 그렇게 모은 노트와 카드는 지금도 보관하고 있는데 피아노 크기의 상자에 담겨 있다지요.

내 마음의 **보물상자** 채우기

집중 독서, 전력 독서

하루 중 짬짬이 시간을 내어 함께 학급문고 읽기를 계속하다 보면 아이들은 서서히 갈증을 느끼기 시작합니다. 5분만 읽으라고 하면 '조금만 더, 조금만 더' 하며 계속 읽고 싶어 합니다. 그런 갈증이 어느 정도 학급의 분위기로 무르익었을 때, 아이들에게 '집중 독서'라는 것을 권해보면 어떨까요?

"얘들아, 한 시간쯤 아무 생각 없이 책만 읽을 수 있으면 참 좋겠다. 그치?"

그러면 아이들은 너무나 좋아합니다.

"그렇게 해봐요!"

"나도 그러고 싶지만 시간이 없어서 힘들겠어."

"시간은 만들면 되잖아요!"

"엉? 시간을 만들어? 어떻게?"

"숙제 좀 내주세요!"

수업 시간에 공부해야 할 내용을 집에서 충분히 공부해올 테니 숙제를 내달라는 것이었습니다. 살다 보면 우리 아이들에게서 이렇게 재미있는 이야기도 들을 수 있게 됩니다.

이런 날 숙제를 해오지 않을 아이들은 없겠지요. 수업 또한 진지합니다. 두 시간 분량을 한 시간에 해내도 이해가 더 잘 된다 합니다. 역시 세상일이란 마음먹기 달린 것일까요?

그렇게 뜨겁게 완전 학습을 하고 난 뒤 얻어낸 한 시간을 우리는 온전히 책을 읽으며 보낼 수 있게 됩니다. 아이들은 두근거리는 마음을 진정시키고 쉬는 시간부터 준비를 합니다. 해보시면 누구나 알게 되지만, 우리 아이들은 우리가 생각하는 것보다 때론 훨씬 더 잘 배우고, 또 배우는 일에 열정적입니다.

책상 위에 학급문고와 보물상자 그리고 필기도구를 준비한 뒤 시작종이 치기를 기다리는 아이들은 숨도 크게 쉬지 못합니다. 뿌듯해 하는 아이들의 표정이 얼마나 귀여운지 학교를 떠난 지금도 눈에 선하게 떠올라 그립습니다.

수업 시작종이 치면 다시 한 번 보물상자를 채우는 방법에 대한 이야기를 듣고 드디어 책을 읽기 시작합니다. 이때 아이들에게는 '묵언의 시간'임을 알려줍니다. 책을 읽기 시작하면 정말 숨소리도 들리지 않는 시간이 한동안 계속됩니다. 때때로 '우리 아이들이 이렇게 조용할 수도 있구나!' 하는 생각을 하며 웃게 되지요.

우리 교실에서는 이런 독서를 '전력 독서'라고 불렀습니다. 그럴 때 교실 창밖에는 비가 오고 해가 지고, 낮달이 다가와 가만히 들여다보기도 합니다. 저는 우리 아이들의 맑은 이마 위로 고요한 바람이 불어가는 것을 볼 수 있어 참 좋았습니다.

수업을 마치는 종이 울리기 전 5분쯤 시간을 내어, 보물상자에 담을 글귀나 간단한 느낌을 골라 적어두게 합니다.

2000. 5. 20.

《왜 나를 미워해》/ 요시모토 유키오 / 보리

학교에 늦게까지 남으면서 나는 선생님께 비밀로 책 한 권을 빌렸다.

아주 눈물이 날 정도로 감동적인 책으로 골라달라고 말씀드렸더니 이 책을 주셨다.

- 지는 것이 이기는 것이다.

- 요시모토 선생님 학급의 급훈은 '한 사람은 모두를 위해, 모두는 한 사람을 위해'이다.

- 나는 친절한 사람을 좋아합니다. 하지만 친절하지 않은 사람도 좋아합니다.

  다 같은 사람이기 때문입니다. 하지만 나쁜 사람도 있다고 생각합니다.

그래도 사람입니다. 식물인간도 사람입니다.

그래서 모두를 좋아합니다.

'나도 요정 같았으면…' 하는 생각이 자주 든다.

우리 반 아이의 보물상자에서 살짝 옮겨왔습니다. 아주 잘 쓴 보물상자입니다. 사실은 《왜 나를 미워해》라는 이 책을 제가 좋아해서 이 글을 제 보물상자에 옮겨두었기 때문에 지금 남아 있는 것입니다. 그러나 저는 아이들이 처음부터 이렇게 잘 쓰지 않아도 좋다고 생각합니다. 아이들에게 처음에는 그냥 한 줄만 써도 괜찮다고 하였습니다. 저도 옛날에 그랬고, 또 점점 좋아지는 자신의 보물상자를 보는 기쁨도 크다는 것을 알기 때문이지요.

처음 보물상자를 채울 때는 그날 그날 조금씩 채워가게 하지만, 나중에는 아이들에게 맡겨두어도 됩니다. 처음에 책을 읽을 때는 마음에 드는 문장에 연필로 살짝 밑줄만 그어두게 하고, 다 읽고 난 다음 책의 맨 앞으로 돌아가서 밑줄 그은 부분만을 보물상자에 옮겨 쓰게 하였습니다. 그랬더니 아이들이 "책을 두 번 읽는 것 같아요."라고 말해주었습니다. 저도 마음속으로 '우리 아이들이 바로 그렇게 느껴주었으면…' 하고 기다리고 있었는데 말이지요.

꽃그늘 아래서 **책을** 읽다

5월 봄날의 산책

학급문고를 눈으로 즐기며 한 달, 부모님과 선생님께서 읽어주시는 이야기들 속에서, 그리고 친구들과 함께 읽으며 또 한 달… 이렇게 시간이 흐르는 가운데 우리가 사는 세상은 어느새 꽃 천지가 됩니다. 눈길 닿는 곳마다.

교실에만 있기엔 너무 아름다운 5월은 산책하기에도 좋은 날들입니다. 우리 반 아이들은 "얘들아, 산책 가자!"라는 말이 칠판에 써 있으면 너무나 좋아하였습니다. 그러면 얼른 책 한 권을 챙겨 들고 복도에 줄을 섭니다.

비록 학교 운동장 가의 나무 그늘 아래를 한 바퀴 도는 산책이어도 좋고 아파트 둘레를 한 바퀴 걸어도 좋았지만, 학교 뒤 산길을 함께 걷는 산책이라면 더 좋았습니다. 저는 학교를 옮기면 늘 학교 가까운 곳에 아이들과 산책할 만한 길이 어디 있나 먼저 찾아보곤 하였습니다. 천천히 걸으며 친구들과 도란도란 이야기를 나누어도 좋고 혼자 걸으면 더 좋다고 '산책하는 법'을 말해주면 아이들은 얼굴 가득 웃음꽃을 피워 올립니다. 그럴 때 우리 아이들은 그냥 한 송이 꽃이 됩니다.

저는 산책 갈 때 꼭 시집을 들고 갔습니다. 자연 속에 있을 때는 왠지 시집이 어울리는 것 같고, 또 읽어주기도 좋았습니다. 걷다가 앉을 만한 적당한 곳이 나타나면 모두가 잔디 위나 간이 의자에 잠시 앉아서 눈을 감고 명상을 합니다. 그리고 시 한 수를 듣고는 자신이 준비한 책을 한동안 읽습니다. 그러고는 다시 눈을 감고 바람도 느껴보고, 햇살도 느껴보고, 새소리 바람 소리에 귀도 기울여봅니다.

우리가 즐겨 산책하던 그 길은 아카시아 꽃이 만발하는 곳이었습니다. 아이들을 나무 아래 누이고 눈을 감고 함께 꽃향기를 마시면 우리 마음에도 향기로운 빛깔이 물드는 것 같았습니다.

그날 보물상자에 써둘 글의 제목은 '꽃그늘 아래서 책을 읽다'입니다.

산책

나는 5학년 2반이 된 것을 자랑스럽게 생각한다. 왜냐하면 6교시 때 우리 반은 산책을 했기 때문이다.

학급문고의 책을 하나씩 들고 학교 밑 잔디밭에서 돗자리를 펴고 난 뒤

그 위에서 책을 읽었다.

햇빛이 내리쬐었고 바람이 솔솔 불고….

기분이 아주 좋았다.

누워서 하늘을 바라볼 때 햇빛 때문에 하늘을 잘 볼 수 없었다.

그래도 산책 나오는 것이 자랑스럽다. 또 5학년 2반이 자랑스럽다.

매일매일 산책 가게 날씨가 매우매우 좋았으면 좋겠다.

이것은 숙제로 내서라도 부모님들께 한번 권해보고 싶은 일입니다. '아이들과 함께 산책하는 것', 게다가 책을 들고 산책을 할 수 있다면 얼마나 좋을까요? 천천히 함께 걷는 것만으로도 참 아름다운 모습입니다. 혹 즐겨 걷는 길가 나무 아래 간이 의자라도 있다면 아이와 앉아서 말없이 책을 읽거나 도란도란 이야기를 나누어도 좋겠습니다.

부모님께서 읽어주시는 책을 들을 수 있으면 더욱 좋겠지요. 아이들이 직접 책을 읽을 수 있는 나이가 되어도 읽어주는 일은 언제나 유효합니다. 들으며 마음껏 상상할 수 있는 여유는 누구에게나 참으로 매력적인 것입니다. 만약 아이가 저학년이라면 돌아오는 길에는 한번 업어주시라고 부탁드립니다. 제법 큰 녀석도 엄마가 업어주면 너무나 좋아하니까요.

봄밤

어머니와 나는 보조가방에 사과와 칼을 넣은 다음 가까운 공원으로 산책을

갔다. 벤치에 앉아 사과를 깎아 먹으면서

"엄마, 이 공원 경치 참 좋다. 근데 공기가 좀 탁해."

"그래, 그렇지만 이렇게 나와보니 참 좋다."

벤치에 앉아 엄마와 긴 이야기를 나누니 조금 써늘해졌다. 시계를 보니

9시 40분이 다 되어갔다.

엄마와 난 봄기운을 느끼며 밤하늘을 바라보았다. 수도 없는 별들이 있어서

북두칠성 같은 별자리를 찾아보았다. 정말 밤하늘이 아름다웠다.

봄밤은 누군가 조용히, 지나가다 잠시 쉬어간 듯한 따뜻한 정을 느끼게 한다.

봄밤

어머니와 나는 산책을 나갔다. 하늘을 쳐다보니 별과 반달이 떠 있었다.

그런데 어머니께서 나를 우주 끝까지 사랑하고 또 사랑하신다고 하셨다.

나는 그보다 100배로 더 사랑하고 있다고 생각이 들었다.

밤하늘을 보니 별들이 많이 떠 있고 반짝반짝하였다.

　　우리 반에서는 산책길에 가위바위보를 해서 업어주기 놀이를 하였습

니다. 저는 지는 것이 즐거웠는데 저한테 업히는 일을 아이들이 너무나

좋아하였기 때문이지요. 저보다 덩치가 큰 녀석은 "아이구 선생님, 제가 업어드릴게요."라고 해서 저를 무안하게도 하지만, 우리는 함께 웃고 맙니다. 설령 책을 많이 읽지 못해도 부모님과 또는 좋은 사람과 책을 들고 산책하는 일은 아이들에게는 생각만 해도 즐거운 일인 것 같습니다.

저절로 시인이 되다

아침의 시

학급문고를 마련해놓고 아이들과 지내다 보면 역시 가장 손길이 가지 않는 곳이 동시집들인 것 같습니다. 어른들도 역시 시를 읽지 않는다고들 하니 어릴 때부터 시를 읽지 않아서 그럴까요?

저는 틈틈이, 자주, 시를 읽어주었습니다. 읽어주다 보면 아이들은 이렇게 말하지요.

"적어서 가르쳐주세요."

"그럴까? 이 맛을 알려면 좀 어려울 텐데…."

"괜찮아요."

그러면 저는 시를 칠판에 써주거나 낮은 목소리로 불러주거나 합니다.

……

"다 썼는데 꾸며도 돼요?"

"그래볼래? 그냥 두어도 괜찮아."

느낌만으로도 시는 좋은 것 같습니다. 그리고 아침마다 한 번씩 함께 소리 내어 읽으면 더 좋았습니다.

"음… 오늘은 어떤 시를 읽어볼까?"

"음… 해바라기 씨요."

"그럴까? 그럼… 시작!"

"해바라기 씨, 정지용 님!"

해바라기 씨를 심자

담 모롱이 참새 눈 숨기고

해바라기 씨를 심자

누나가 손으로 다지고 나면

바둑이가 앞발로 다지고

괭이가 꼬리로 다진다

우리가 눈감고 한 밤 자고 나면

이슬이 내려와 같이 자고 가고

우리가 이웃에 간 동안에

햇빛이 입 맞추고 가고

해바라기는 첫 시악씨인데

사흘이 지나도 부끄러워

고개를 아니 든다

가만히 엿보러 왔다가

소리를 꽥! 지르고 간 놈이

오오, 사철나무 잎에 숨은

청개구리 고놈이다

꽥! 소리 지르는 부분에 가서는 더 힘껏 소리를 내며 즐거워하는 아이들입니다.

"오늘 읽은 이 시의 느낌을 색깔로 나타낸다면?"

"오늘 읽은 이 시의 내용을 몸으로 나타내면 재미있겠다."

"웃음으로 나타내면?"

시의 느낌을 색깔로 나타내거나 몸으로 나타내기, 노래로 부르기도 하였습니다. 아이들은 마음 가는 대로 자유롭게 말하고 온몸으로 움직여 보입니다. 일주일이나 이 주일쯤 새로운 시를 배우기 전까지 날마다

소리 내어 읽다 보면,

"저, 이 시 다 외울 수 있어요."

"정말?"

어느 틈엔가 아이들은 시를 외우고 있는 자신을 발견하고 으쓱해 하곤 합니다. 또 운이 좋으면 '토요잔치 초대권'도 받습니다.

"그런데 우리 집에 정지용 님 시집 있어요."

"그래? 가져와서 보여줄래?"

"시가 많이 있었어요."

"다른 시도 읽어봤어?"

억지로 힘들여 가르치고 배운다는 느낌 없이 자연스레, 스스로 즐겁게 배우고 익히는 아이들의 모습은 얼마나 아름다운지요.

한번은 1학년을 데리고 봄 산책을 나선 적이 있었습니다. 교실을 나서서 멀리 가지는 못하고 학교 운동장 가를 한 바퀴 걷는데, 우리가 걸어가는 저 앞에 하얀 나비가 나풀나풀 날아갔습니다. 저는 작은 소리로 "얘들아, 나비다!" 그랬습니다. 그런데 우리 반 아이 중 하나가 쪼르르 달려가서 보고 오더니 "선생님, 꽃잎이에요." 하였습니다.

"어, 정말? 나비인 줄 알았는데…"

그리고 보니 여기저기 꽃잎이 하늘하늘 날고 있었습니다. 나비처럼.

'팔랑팔랑 팔랑팔랑 날아가길래 흰 나빈 줄 알고서 따라갔더니~.'

우리는 그날 노래를 흥얼거리며 산책을 하였습니다. 그리고 교실에 와서는 아이들과 '꽃잎이 나비처럼 날던 모습을 가장 잘 표현해주는 말 찾아보기'를 하였습니다. '하늘하늘', '팔랑팔랑', '너울너울', '훨훨'… 하며 많은 말들이 나왔는데, 그중에서 우리는 '폴폴'이란 말을 고르고서는 아주 좋아했던 기억이 납니다.

그날 우리는 시인의 마음이 되어보기로 하였습니다. 그리고 시인의 눈이 되어보았습니다.

우리 반에서는 해마다 '내가 시인이라면'이라는 글감으로 글을 써보았습니다. 글들을 우리 반 학급문집에 담아 돌려 읽기도 하고요.

만약 내가 시인이라면

만약 내가 시인이라면 지금쯤 어떤 시를 지을지 고민하며 종이를 찢어

휴지통에 던지고 있을 것이다.

'시인'이라고 하면 '힘들다. 그렇지만 마음의 기쁨을 누리고 있을 것이다.'

라는 생각이 든다.

시는 우리 마음에 따뜻한 교훈을 남겨주는 우리 학교 엄마 같다.

시를 읽으면 그 내용에 따라 느낌이 든다. 예를 들어 외롭다, 쓸쓸하다, 즐겁다,

기쁘다 등의 표현이 있다.

나도 시를 조금 좋아하긴 한다. 만약 내가 시를 만드는 데 성공했다면

그 기쁨은 아무도 모르는 자기만 아는 가장 큰 기쁨일 것이다.

내가 시인이라면

내가 시인이 되면 이 세상에 기쁨을 나누어줄 수 있는 그런 시를 짓고 싶다.

그리고 그 시를 노래로 만들어 내 시를 다른 사람들이 부를 수 있게 할 것이다.

 그리고 마음씨 나쁜 사람이 내 시를 듣고 새사람이 되게 할 수 있는

시를 짓고 싶다. 백창우 선생님처럼 말이다.

하여튼 나는 시인이 되면 온 세상에 기쁨을 줄 수 있는 그런 시를 짓고 싶다.

내가 시인이라면

내가 시인이라면 우선, 인생에 대해 쓰고 내가 늙으면 사람의 인생은

어떤 건지 나의 삶에 비추어 쓰고 싶다. 다음 세대에도 우리 세대처럼 버릇이

없으면 인생에 대해 사람이 되자는 시를 써서 뉘우치도록 하고 싶다.

내가 늙었을 때 모든 인생을 겪고 어떤 때는 이렇게 대비하자는 시도 쓰고

싶다. 난 재미나 멋을 느끼기보다는 사람의 삶을 깨우쳐주는 시를 쓰고 싶다.

　　저는 아이들과 함께 시를 읽는 교실에서 살고 싶었습니다. 그래서 제
보물상자에는 아이들과 함께 읽는 시가 100편도 넘게 준비되어 있었습
니다. 그 시들 속에는 유명한 시인들의 시도 있지만 아이들이 직접 지은

시도 있고, 우리 아이들이 자신의 애송시를 제게 선물한 것도 들어 있어 볼 때마다 마치 정다운 명상집을 보는 듯하였습니다.

우리 반은 아침에 학교에 오면 음악을 듣거나 책을 읽고 잠깐 명상이나 기도를 한 후, 시를 공부하기도 하고 시가 노래가 된 걸 흥얼거리기도 했습니다. 그리고 숙제를 해오지 않은 친구는 교실 뒤에 서서 벌로 시 한 편을 외우게도 하였습니다.

도전! 동요 100곡

노래 배우기

전에 다니던 학교에는 방과 후 활동 교실에 '동요 부르기' 반이 있었습니다. 지금은 흔하지만 그때는 참 특별하였습니다. 저는 그 반에서 부르는 노래가 너무나 좋아, 지나다니며 늘 함께 따라 부르곤 하였습니다.

제가 그 반을 좋아한 이유는, 노래도 좋았지만 노래를 가르치시는 선생님이 동요를 너무나 사랑하고 또 재미있게 가르치기 때문이었습니다. 아이들이 노래를 배우는 동안 언제나 웃음꽃이 가득하여 그 교실 옆을 지나가기만 해도 즐거워지곤 하였습니다. 그때는 제가 도서실을 맡고 있어 담임을 하지 않을 때라 우리 반 아이들이 없었습니다. 저는 마음속으로 '다음에 담임을 하게 되면 우리 반 아이들과 꼭 동요를 불러야지.' 그랬습니다.

몇 년 뒤 도서실에 사서 선생님이 오시고 저는 다시 담임을 하게 되어 오래전에 가졌던 그 꿈을 이룰 수 있게 되었습니다. 그러나 그것은 제 꿈이었지 아이들 꿈은 아니었나 봅니다.

"우리, 동요 한번 배워볼래?"

"우~."

"아… 참, 선생님도."

"선생님 유치하시긴…."

그러면서 자기들이 좋아하는 노래는 아주 수준 높은 노래라도 되는 양 제 앞에서 신나게 춤까지 추며 불러 보이는 것이었습니다.

그래도 저는 간곡히 부탁하였습니다. 졸업하고 나면 대중가요는 언제라도 배울 수 있고 언제까지나 부를 수 있지만, 동요를 배울 수 있는 것은 이번이 어쩌면 '우리 인생에 마지막 기회가 될 것'이라고 엄포를 놓으며.

아이들은 정말 못 이기는 척하며 "그러지요 뭐, 에잇 그럼 그래볼까요?" 하며 반에 반쯤 마음을 내주는 것이었습니다. 하지만 노래 선생님과 만나 한 시간 수업을 해보고 나더니 "언제 또 노래 공부해요?" 하며 기다리는 것이었습니다. 어떻게 대중가요를 즐기는 요즘 아이들 마음을 한 시간 만에 다 뺏을 수 있는지 참 신기한 일이었습니다만, 그 노래 시간은 정말 재미있었습니다.

그렇게 해서 시작된 노래 공부를 우리는 1년 동안 쉬지 않고 하였습니다. 일주일에 한 시간 노래 선생님과 동요를 한 곡 배웁니다. 그러면 그 주 동안 우리 교실에서는 틈틈이 저와 함께 그 노래를 부르며 익혔고, 다음 주엔 또 새로운 곡을 배웠습니다. 시간이 흐르자 아이들은 배우는 속도가 빨라져 때로는 한 시간 동안 두 곡을 배우기도 하였습니다.

　우리가 함께 부를 곡을 고를 때 저는 가능하면 시가 노래로 된 동요를 선택하였습니다. 아니면 노랫말이 아이들 마음을 잘 표현하였거나 시적인 것을 골랐지요. 그렇게 해서 우리는 동요 100곡을 배워보기로 하였습니다. 아이들은 금방 '도전! 동요 100곡'이라고 이름 지어 부르며 그 시간을 참 좋아하게 되었습니다.

　노래 선생님과 담임이 주는 노래 악보가 점점 두꺼워져 한 권의 책이 되어갈 무렵 아이들과 함께 악보 책을 만들었습니다. 이름은 '마음과 마음'으로 붙이고. 이렇듯 아이들은 처음 반응과는 전혀 다르게 동요 부르기를 너무나 좋아했습니다. "요즘 아이들도 동요를 좋아해요."라고 제가 말하면 "설마?" 하시는 선생님들이 많으십니다. 이 부분만큼은 아주 조금이라도 해보지 않으면 선생님들도 모르시는 일이겠지요.

　우리 반 아이들은 교실이든 운동장이든 어디서든 서너 명만 모이면 동요를 불렀고, 소풍이나 여행을 갈 때도 예전 같으면 차가 떠나가도록 대중가요를 틀어놓고 따라 부르던 아이들이 이제는 "선생님, 음악 좀 꺼주세요. 차라리 우리가 부를게요." 하였습니다. 그리고 동요를 부르기 시작하고 나서는 동시집을 보는 아이들도 제법 늘었습니다. '정말 시가 노래가 되나?' '다른 시는 어떤 게 있지?' '노래 대신 시를 한 수 외워볼까?' 하면서요.

일주일에 한 번 노래 시간이 다가오면 아침부터 마음 설레어 하던 아이들은 쉬는 시간이면 학교 앞 주차장까지 나가서 노래 선생님을 마중하였습니다. 그리고 노래 시간을 마치는 종이 울리면 아이들은 꼭 "한 번 더! 한 번 더! 한 번 더!" 라며 앙코르 곡을 시작할 때까지 목청껏 외치는 바람에 적어도 다섯 곡은 더 부르고서야 마칠 수 있었으며, 쉬는 시간에는 큰길에 나가 노래 선생님 차가 떠날 때까지 배웅을 하곤 하였습니다.

노래 선생님의 동요 가르치는 방법이 아주 독특하고 재미있어서 어떤 아이라도 웃으며 따라 부르게 되는 것이 저는 참 신기하였습니다. 이렇게 신나게 가르치고 즐겁게 배우는 노래 선생님과 우리 반 아이들의 모습이 너무나 예뻐서, 옆에서 지켜보는 저는 그저 보기만 해도 행복해지는 것이었습니다.

어떤 남자아이가 일기에 이렇게 썼더군요.

마음이 따뜻한 선생님께서 마음이 따뜻하신 노래 선생님을 모셔와 마음이 어중간한 6학년 4반 아이들을 만날 때 마음과 마음이 비로소 따뜻해지는 것이다.

'무슨 방법으로?'

'아이들의 마음이 담뿍 담겨 있는 동요로!'

동요 한 곡 마음 한 번 커지고, 이렇게…

동요를 100곡은 받지 못했지만 그만큼의 마음이 커진 것이 좋다.

우리 앞으로도 부를 것이다. 동요!

아이들과 함께 지내며 알게 된 사실 중 하나는, 우리 아이들은 슬픈 노래도 참 좋아한다는 것이었습니다. 경쾌하고 즐거운 노래를 부르며 웃는 모습도 좋았지만, 느리고 슬픈 느낌의 노래를 부르며 마음 따뜻해 하던 우리 반 아이들의 모습을 보는 것은 신선한 감동이기도 하였습니다.

우리 아이들과 함께 배우고 부르며 좋아하였던 노래 중에는 이원수 선생님 동시를 노래로 만든 것이 제일 많았습니다. 그리고 아이들이 가장 좋아하는 노래들이기도 하였습니다.

엄매애- / 엄매애- / 염소가 웁니다. / 울 밖을 내다보고 / 염소가 웁니다. / 이 문 좀 열어줘 / 이 문 좀 열어줘 / 발돋움질해봐도 아니 되어 / 뿔로 탁탁 받아봐도 아니 되어 / 울 안에서 염소는 파래진 언덕 보고 / 매애 웁니다. / 민들레도 피었네 오랑캐꽃도 피었네 / 보리밭 언덕 너머엔 살구꽃도 피었네 / 염소는 애가 타서 발돋움질 또 하네 / 염소는 애가 타서 발돋움질 또 하네 / 염소야 염소야 봄이 와도 너는 놀러도 못 가는구나 처음에 가사를 익히며 킥킥 웃던 아이들이 시간이 지날수록 그 가사의 의미를 느끼게 되고 아름다움에 빠지는 모습을 보며 코끝이 뜨거워지던 그 감동을, 이 나라의 모든 아이들과 모든 선생님들과 나누고 싶다는 생각을 간절히 하곤 하였습니다.

가을마다 있었던 우리 학교의 종합 학예발표회엔 〈노래가 있는 난타〉, 〈우는 소〉 등으로 우리 반 아이들 모두가 참여하는 음악극을 만들어서 학년 대표가 되기도 하였습니다. 학년 대표가 되어서는 아트홀에 가서 공연도 하였고요. 그때 아이들은 "드디어 꿈을 이루었어요." "평생 못 잊을 거예요."라며 진정으로 좋아하였습니다. 졸업하기 전에 아트홀 무대에 꼭 한번 서보는 것이 꿈이었던 아이들이거든요.

하지만 사실 이 음악극은 그리 쉽게 만들어진 것은 아니었습니다. 어찌되었든 우리 반 아이들 모두가 참여하는 음악극을 만들고 싶었던 제 바람과는 달리, 재미있어 하며 열심히 하는 아이들도 있었지만 그렇지 못한 아이들도 있게 마련이니까요.

아무리 연습해도 동작이 예쁘게 만들어지지 않고 노래의 내용을 다 표현할 수 없어서, 프로그램이 나올 무렵에는 그만 제목을 바꾸었습니다. '합창'으로요. 하지만 공연을 보러 오신 학부모님들은 다 보고 돌아가시며 "합창이라고 하였는데 뮤지컬이네요?" 하셨습니다.

1년 동안 100곡을 모두 채우지는 못하였지만 우리 반은 졸업할 때까지 예순다섯 곡을 배우고 익혔으며, 두 시간 이상을 쉬지 않고 동요만 부를 수 있는 반이 되고 말았습니다.

　한번은 6학년 국어 시험에 자신이 알고 있는 동시를 한 편 외워 써보라는 문제가 나왔습니다. 물론 우리 반 아이들은 모두 시험을 치르며 노래를 흥얼거리는 즐거운 경험을 하였고요.

　그때 우리 반 아이들은 모두 노래 선생님을 '사랑하는 우리 서지훈 선생님'이라고 불렀습니다. 진심으로 말이지요. 사랑하지 않는 사람에게서는 아무것도 배울 수 없는 법이라고 합니다. 노래 공부하는 아이들을 보며 '아이들을 가르치려 하기 전에 먼저 아이들이 사랑하는 선생님이 되어야 하는구나!' 라는 생각을 하며 저는 많이 부끄러웠습니다.

　혹시 서지훈 선생님이 못 나오시는 날은 어떻게 되었을까요?

　물론 제가 해야 했습니다. 저는 특히 노랫말이 아름다운 노래들을 100곡쯤 늘 준비해두고 있었는데, 서지훈 선생님처럼 재미있게 가르치는 방법이 없어서 참 곤란하였습니다. 그래서 저는 그냥 먼저 제목만 가르쳐주고 노래를 들려주었습니다.

　"눈을 감고 먼저 들어봅시다. 느낌은 각자 마음속에 간직하도록."

　두 번쯤 듣고 나면 눈을 뜨고 노래를 들으며 공책에 가사를 적어보게 하였습니다. 그러고는 '가사를 틀리지 않고 완벽하게 듣고 적는 친구가 한 명이라도 나올 때까지' 반복하여 들려주었습니다.

최소한 열 번은 반복해서 들어야 노래 한 곡의 가사를 완벽하게 듣고 적을 수 있는 것 같습니다. 가사를 틀리지 않고 적기 위해 우리 아이들은 정말 열심히 듣습니다. 그 모습도 참 예쁩니다. 열 번쯤 듣고 나면 곡이 귀에 익어 절로 흥얼흥얼거리게 되고, 가사도 거의 외울 수 있게 되지요. 저는 그렇게 하는 재주밖에 없었습니다.

아이들이 좋아하면서도 어려워한 노래로 백창우 님이 곡을 붙인 이원수 선생님의 〈씨감자〉가 있는데, 부르기도 좋고 노랫말이 참 예뻐서 저는 아이들과 자주 불렀습니다.

감자 씨는 묵은 감자 칼로 썰어 심는다 / 토막토막 자른 자리 재를 묻혀 심는다 / 밭 가득 심고 나면 날 저물어 달밤 / 감자는 아픈 몸 흙을 덮고 자네 / 오다가 돌아보면 훤한 밭골에 / 달빛이 내려와서 입맞춰주고 있네.

정말 고운 노래지요? 한 폭의 그림처럼 아름다운 이 노래를 배우고 나면 아이들은 "아, 감자 씨는 묵은 감자였구나." "왜 재를 묻히지?" "썰어서 심는구나." "마음이 아파요." "내 마음이 쩡하고 조용해지는 것 같아요." "선생님, 그림 같아요." 하며 놀라워하기도 하였습니다.

1학기를 마치고 서울로 전학 가는 슬기를 위해 〈기차〉라는 노래를 불러주며 한없이 울던 아이들이 생각납니다.

아! 동요 부르기를 생각하니 잊을 수 없는 장면이 또 하나 떠오릅니다. 이 동요 부르기는 사실 매주 한 시간을 수업 중에 해야 했는데, 국어 시간을 한 시간 내어 하기로 마음먹고 교감 선생님께 의논을 하러 갔습니다.

"취지는 좋지만 글쎄요, 교장 선생님과 의논해봐야겠군요."

설명을 다 들으신 교장 선생님께서는 웃으시며 "제가 여 선생님 하시는 일에 안 된다고 할 사람으로 보이나요? 섭섭하네요. 하세요!" 라고 해주셨습니다.

1학년부터 6학년까지 우리 학교를 다니고 나면 누구나 동요 100곡을 부르게 되는 학교로 만들고 싶어 노래를 고르고 골랐는데 이제는 꿈으로 남아버렸습니다.

달빛 문화교실

아이들과 공연장 가기

첫 담임을 했던 학년이 6학년이었습니다. 지금 돌아보면 뭔가를 가르쳤다기보다는 함께 놀았다는 말이 더 어울렸던 때가 아니었나 싶습니다. 교실 뒤 작은 운동장은 아이들과 고무줄 놀이, 공기 놀이 등 온갖 놀이를 함께 하는 곳이었고, 밤까지 학교에 남아 교실 꾸미고 아이들과 이야기 나누고 청소하고 하느라 퇴근 시간을 지켜본 적이 별로 없었던 것 같습니다.

그런 우리가 함께했던 많은 일들 중에서 아이들에게도 저에게도 오래 잊을 수 없는 일이 '아이들과 공연장 가기'였습니다. 우리는 음악회도 가고 연극·영화도 함께 보았으며, 미술 전람회, 국화 전시회, 과학 전람회까지 함께 갔습니다.

우리들이 단골로 갔던 행사는 특히 대학 강당에서 열리는 음악회와 백화점 전시관에서 하는 미술 전시회였습니다. 거의 공짜였지요. 퇴근 뒤나 주말, 일요일에 약속을 정해 만나서 함께했습니다. 어떤 땐 이삼십 명이 함께하기도 하고, 대여섯 명이 오붓하게 같이 가기도 하였습니다. 운이 좋은 날에는 작가를 만나 작품 설명도 듣고 사진도 찍었으며, 때로는 아이들이 즉석에서 스케치한 작품들을 작가가 너무나 마음에 들어해서 오히려 작가분께 선물하기도 하였습니다. 그럴 때 우리 아이들의 표정은 정말 사진으로 찍어두고 싶은 모습입니다.

10년 전부터는 포항에서 아이들과 공연장에 갔는데, 그곳은 어떤 곳보다 많이, 자주, 풍성한 문화행사가 열리는 곳이었습니다. 포스코에서 운영하는 효자아트홀의 여러 공연도 있었고, 틈틈이 열리는 문화예술회관의 공연, 친구가 관장으로 있던 백화점의 미술관, 한 달에 네 번 포항공과대학에서 하는 목요 문화행사도 있었습니다. 한 달에 네 번의 행사가 있으면 두 번 정도는 음악, 연극, 춤 등의 행사가 대공연장에서 열리고, 두 번 정도는 영화나 학술 발표회가 있었습니다.

특히 포항공대의 이 목요 문화행사는 정말 좋았습니다. 저는 후원회 회원이었기 때문에 행사의 안내장을 받을 수 있었는데, 참가해보면 언제나 감동 그 자체여서 한 번도 저를 실망시키지 않은 행사였습니다. 이해하기가 어렵다는 춤이나 현대무용 공연도 '혹시 너무 어려워서 아이들이 지루해 하거나 실망하지나 않을까? 차라리 혼자 가볼까?' 하고 조마조마한 마음으로 가지만, 함께 가서 보고 나면 언제나 '역시! 좋았어.'라고 할 수 있었습니다.

갈 때마다 저는 늘 우리 반 아이들 중에서 가고 싶은 아이들의 신청을 받아 함께 갔습니다. 처음에는 아이들을 이삼십 명씩 데리고 가니 시끄럽게 할까 봐 주최 측에서 좀 꺼리는 분위기였지만, 우리 아이들의 의젓한 관람 태도를 보고는 어느새 반겨주시게 되었습니다. 나중에는 행사 때마다 초대권을 30장씩이나 보내주었지요. 우리는 위풍당당하게 정문으로 들어갈 수 있었고요.

우리 반에서는 어떤 전시회를 보러 가거나 문화행사를 할 때면 꼭 아이들에게 먼저 계획을 세워보게 하였습니다. 바빠서 못하거나 충분한 시간이 없을 때면 간단히 메모하고 말로라도 발표하는 시간을 갖게 하였습니다. 시간이 있으면 팸플릿이나 포스터, 안내장을 가지고 와서 대략의 내용을 보며 몇 가지 질문들을 생각해보게 했습니다.

- 알고 싶은 것이 있는지?
- 특별히 보고 싶은 것은?
- 안내장만으로는 잘 모르겠는 것은?
- 제목이 멋지다고 여겨지는 것은?
- 미리 알아보고 가면 좋을 것은?

• 어떻게 보면 좋을까?

한번은 이웃 학교의 학예발표회를 밤에 한다고 해서 우리 반 아이들과 함께 가보기로 하고 계획서를 만들었습니다. 그리고 그날 일기 제목으로 '학예발표회 관람 계획서'라고 하였는데, 어찌나 멋지게 써냈던지 계획서라기보다 그냥 한 편의 산문이 되어 있기도 하였습니다. 이 글을 정리하면서 아이들과 함께 만들었던 학급문집들을 꺼내어 다시 읽어보았습니다. 그 글들 가운데 한 편을 여기에 옮겨봅니다.

서초등학교에서 학예회를 연다고 한다. 우리 학교 친구들은 서초등학교 친구들을 싫어하는데 난 그렇지 않다. 오히려 이런 기회를 통해서 서초등학교 친구들도 우리와 친해지고 동초등학교 친구들도 서초등학교 친구들이 좋아져서 학예회를 할 때도 같이 하고 운동회 할 때도 같이 했으면 좋겠다. 그런 아쉬움을 남기며 운 좋게 우리 5학년 2반이 서초등학교의 멋진 학예회에 구경을 가게 되었다. 서초등학교 친구들의 솜씨는 어떨까? 기대가 되며 난 이런 것들을 구경하고 싶다.

1학년들이 꾸미는 꼭두각시는 더욱 더 기대가 된다. 귀여운 1학년들이… 쬐그만 게 얼마나 귀여울까? 지금 생각만 해도 깨물어주고 싶다. 그리고 동시 낭송 시간도 빨리 보고 싶다.

아무도 모르겠지만 난 원래 동시를 무지무지 좋아한다. 그래서 학교에서 시를

배울 때마다 속으로 '야호' 하곤 했는데 이번에는 학교가 아닌 다른 곳에서

동시를 들을 수 있게 되다니. 불행한 나에게 이런 큰 행운이 오다니.

정말 꿈만 같다. 빨리 그 동시를 듣고 싶다.

그리고 우리 학교에는 연극부가 있다. 그 연극부들이 만날 남아서 고생했던

솜씨를 우리 학교 음악제 때 보았는데 대단했다. 그래서 서초등학교의

연극 솜씨는 어떨까?

'공연 프로그램 안내장'을 보니 제목이 '교장 선생님을 혼내주세요.'라는데

'형아, 쉬는 내가 했어.'와 비교해보고 싶다.

그런데 내 생각엔 아무래도 우리 학교 연극이 나을 것 같다.

최운철 선생님이 지도했으니까.

그래도 혹시 모르지. 서초등학교 연극이 더 나을지 정말 기대된다.

이번 서초등학교 학예회는 정말 색다를 것 같다. 세상에서 가장 친절하신

우리 선생님과 세상에서 가장 친한 우리 5학년 2반 친구들과 구경할 수 있는

아주 행복한 기회가 와서 더더욱 마음속에 오래 남고 재밌을 것 같다.

오늘 이 경험이 내 추억의 앨범 한 장에 꽉 차 있길 바란다. 빨리 구경 가서

얼마나 잘하는지 보고 싶다. 서초등학교 친구들아! 이번 축제 잘 되길 빌고

열심히 하길 바래. 꼭 구경 가야지.

  사실 이런 행사는 부모님들의 협조가 무엇보다 중요합니다. 밤 깊은
시간에 아이들을 내보내야 하니 걱정도 되셔서 자주 물어오시기도 하였

습니다. 그래서 가끔 부모님들께 쪽지 알림장을 보내드리기도 하였습니다.

부모님께

요즘 달이 참 밝고 좋습니다. 이렇게 좋은 달밤에 우리 동네 대학 강당에서 아름다운 작은 음악회가 열린다고 합니다. 그래서 우리 아이들과 함께 가서 공연도 보고 달밤의 산책도 함께 해볼까 합니다. 저녁을 먹고 7시 10분까지 공대 강당 앞에서 우리 아이들과 만나기로 하였습니다. 물론 부모님께서도 함께 오시면 더 좋겠지요. 바쁘시면 아이들만 보내주셔도 된답니다. 늦어도 11시까지는 집으로 돌려보내도록 하겠습니다.

공연 관람이 끝나면 우리는 밤길을 걸어 동네 시장에 갔습니다. 갈 때는 꼭 우리 학교 앞을 지나갔는데, 아이들은 불 꺼진 교실을 올려다보며 "밤에 우리 교실은 무서울까?" "전에 공동묘지였대." "정말?" "으악!" 하기도 하고, 운동장을 지나갈 때는 "운동장 안녕!" "느티나무도 안녕!" 하는 것이었습니다. 그래서 저는 '밤에 아이들과 학교에서 놀면 재미있겠다'는 생각을 하곤 하였습니다. 시장에 가면 우리가 좋아하는 붕어빵도 있고 떡볶이도 있고 호떡도 있어서, 아이들은 시장 가는 일이 공연보다 더 즐겁다고 말해 저를 약 올리기도 하였습니다.

책을 읽고 즐기는 일이 꼭 책을 통해서만 이루어지는 것은 아니라는 생각이 들었습니다. 때론 책 열 권 읽는 것보다 '오페라 하이라이트의 밤'에서 아리아를 한 번 듣고 오페라에 대한 이해와 감상을 더 좋아하게 되는 아이들을 볼 때면 더욱 그런 생각이 들곤 하였습니다.

공연장에서 나와 시장으로 함께 걸으며 보았던 한밤의 달빛도 우리에겐 고운 기억이었습니다. 그래서 우리는 함께 공연장 가는 일들을 '달빛 문화교실'이라 이름 붙였습니다. 우리 반 아이들은 공연히 목요일만 되면 해보는 말이, "선생님 달빛 또 해요!" 였습니다.

아마 6학년이 되어서 가장 기억에 남는 건 '달빛 행사' 같다. 포항공대 강당에서 행사가 있을 때마다 선생님께서 우릴 초대하셔서 같이 보았다.

정말 좋았다.

얼마 전엔 경주로 원정(?)을 가기도 했다. 물론 나도 갔다.

선생님의 보는 눈 덕분에 좋은 구경을 많이 했다.

처음 달빛 행사 때는 시장에 가서 붕어빵을 실컷 사주시기도 했다.

달빛 행사에 가면 신기하고 재미있는 것을 많이 볼 수 있어서 좋았다.

선생님께서 달빛 행사를 하신다고 하면 무얼 할지 기대가 되기도 했다.

달빛 행사!

6학년이기에 체험할 수 있었던 이 행사는 영원히 잊혀지지 않을 것이다.

교실에서는 아이들 모두와 말 한마디 골고루 나누기 힘들 만큼 바쁘기도 하지만, 일기장을 통해 아이들의 이런 글을 읽으면 공연히 부끄러워지고 또 반갑기도 하였습니다. 저는 아이들이 학교에 와서 가능하면 이런 기분을 많이 느낄 수 있게 해주고 싶었습니다.

저는 한 해를 마칠 때면 언제나 아이들에게 물어보곤 하였습니다.

"나하고 지내며 섭섭했거나 마음 아팠던 거 있으면 솔직하게 써줄래?"

그중 한 아이가 써낸 글이 오랫동안 잊히지 않았습니다. 그 아이의 이야기는 '달빛 문화교실'에 한 번도 참가하지 못해서 너무나 섭섭하였다는 내용이었습니다. 밤이나 주말, 방과 후에 하는 행사였고 또 자유롭게 참가하는 것이라 강요할 수 없었는데, 그 아이는 '우리 선생님은 왜 꼭 목요일에만 달빛 행사를 하여서 자신이 참가할 수 없게 하였나?' 하는 것이었습니다.

"목요일에는 왜 참가할 수 없었니?"

"목요일마다 영어 과외를 받아야 해서요."

달빛 문화교실을 하는 목요일 밤이면 엄마와 줄다리기를 하였을 그 아이, 이제는 그만 졸업을 하는 아이를 보며 저는 할 말이 없었습니다.

그래도 교실에서 너무 얌전하거나 도통 말이 없어 특별히 마음 쓰지 않으면 하루 한 번 이야기 나누기도 어려운 아이들이 달빛 행사에 나오면 전혀 다른 모습과 빛깔로 성큼 다가온다는 것이 좋은 일이었습니다.

아이들과 함께하면서 제가 우리 아이들에게서 언제나 듣고 싶어 목말라 했던 말,

"평생 못 잊을 거 같아요."

아이들과 달빛 문화교실을 한 다음날이면 아이들의 일기장에서 가끔 만날 수 있었던 이 말을 또 들을 수 있으면 얼마나 좋을까요.

책읽기와 공부하기

3단계 독서법과 집중 학습법

책읽기를 꾸준히 해보면 무엇보다 아이들의 공부하는 모습이 서서히 달라진다는 것을 알 수 있습니다. 확실히 공부에 열중하는 시간이 조금씩 길어질 뿐만 아니라, 공부하는 태도와 방법에도 변화가 일어납니다.

가장 두드러진 변화라면 아마 '아이들이 제법 차분해졌다'는 것이겠지요. 제갈공명은 그의 아들에게 보낸 편지에서 "배운다는 것은 무릇 차분해지는 것"이라 하였습니다. 아이들과 함께 책읽기를 하다 보면 '참 맞는 말이었구나.' 하고 느껴지던 때가 많았습니다. 눈빛도 차분해지고 행동거지도 제법 의젓해지지요.

책을 읽고 줄거리를 요약하는 법을 배운 아이들은 국어 수업에도 제법 자신감을 보이곤 하였습니다. 그럴 때면 '독서법'에 대해 한 번쯤 공부해보는 것도 좋을 것 같습니다.

책을 읽는 방법에도 여러 가지가 있는데 그중에서 우리 아이들에게는 크게 3단계 독서법에 대해 간단하게 설명해주었습니다. 독서법을 설명하기 전에 문장이나 문단의 형식과 개념에 대해 먼저 충분히 설명해두면 독서법을 설명하기가 훨씬 쉬워진다는 것을, 저도 여러 번 해보고 알았습니다만.

첫 번째 초보 단계는 보통 우리 아이들이 일반적으로 하는 방법이지요. 앞에서부터 주욱 읽어나가는 것으로 누구나 큰 어려움 없이 할 수 있는 독서법입니다. 다 읽고 난 다음 요약법을 기억하며 줄거리를 요약할 수 있는 정도면 됩니다. 이것도 독서법이라고 하면 아이들은 웃지요. 이러한 초보 독서법을 저는 '성큼성큼 독서법'이라고 하고, 우리 아이들은 '주~욱 독서법'이라고 하였습니다.

그러나 그럴 때에도 책을 읽을 때는 반드시 '차례'부터 보아야 한다는 것, 전체적인 흐름을 한번 보고 책을 읽으면 전혀 다른 결과를 얻을 수도 있다는 것, 그리고 지은이에 대해서도 자세히 보아두고 출판사도 기억하면 좋다고 해두었습니다. 나중에 잘 모르는 책들을 두고 골라야 할 때도 이 방법은 아주 유용하지요. 웬만한 책은 지은이와 출판사만 보고도 고를 수 있게 되니까요.

두 번째 중간 단계는 내용을 분석해가며 읽는 것입니다. 저는 '또박 또박 독서법'이라고 하고, 아이들은 '꼼꼼히 독서법'이라 하였지요. 꼼꼼히 따져가며 읽어야 한다나요.

- 책의 주제는 무엇인가?
- 요약법에 따라 요약할 수 있나?
- 전체의 짜임을 알아낼 수 있나?
- 책의 내용을 다른 사람에게 이야기해줄 수 있나?
- 예를 들 때 책의 내용을 인용할 수 있나?
- 책을 읽고 이해한 내용에 대해 자신의 주장을 찬성이나 반대로 표시 할 수 있나?

이 부분은 토론을 지도할 때에도 매우 효과적입니다. 자신의 주장을 뒷받침하는 설명 단계에서 자신이 읽은 책의 내용을 인용하도록 하는 것입니다.

세 번째 단계인 최고 단계의 독서는 주제별로 책을 읽는 것입니다. 알고 싶은 한 주제를 정해 관련 책을 다양하게 모아 비교해가며 읽는 것이지요. 저는 '전문가 독서법'이라고 하고, 아이들은 '척척 독서법'이라고 하였는데, 우리는 설명문 쓰기 공부를 할 때 범위를 좁혀 흉내를 한번 내보기도 하였습니다.

예를 들면 '집'이라는 주제를 정해 설명하는 글을 써보자고 하면 먼저 글의 개요를 짜고 도서관에 가서 '집'에 관련된 책들을 일단 다 찾아보는 것입니다. 그중에서 참고할 수 있는 내용을 찾아 구분하여 읽고 요약하고, 전체의 짜임에 맞게 글을 구성해 직접 써보는 것입니다.

또 학교에서 행사할 때도 활용할 수 있었는데, 예를 들면 '작가와의 만남'이라는 행사를 한다면 만날 작가를 정하고 그 작가의 작품을 다 구해 읽어보는 공부를 해보는 것입니다. 몇 번 해보니 아이들은 의외로 아주 재미있어 했는데 너무 번거롭고 힘든 일일까요?

아이들에게 이러한 단계가 있다는 것을 알려주는 의미에서 전체적인 내용을 알기 쉽게 설명해주고 최고 단계의 독서를 할 수 있는 데까지 가보자고 하면, 아이들 중에는 꼭 해내야겠다고 투지를 불태우는 아이들도 나옵니다. 고등학생이나 대학생이 되면 경지에 도달하는 아이들도 있겠지요. 이러한 지도와 설명은 고학년 아이들에게 적합한 내용이라고 할 수 있겠습니다만, 저학년 아이들은 선생님이 판단하셔서 학년에 맞추어 질문을 통해 분석하는 단계까지는 수준을 높여갈 수 있도록 이끌어주시면 좋겠습니다.

우리는 보통 국어 공부를 할 때 한 단원을 읽기, 쓰기, 말하기, 듣기로 나누어 날마다 조금씩, 대개는 일주일 만에 한 단원을 공부하는 방법으로 진행하고 있습니다. 그러나 내용 중심으로 교과를 통합 재조직해서 일주일 동안 관련 단원 몇 개를 한꺼번에 공부할 수 있게도 되어 있습니다. 저는 종종 뒤의 방법으로 수업을 진행하곤 하였는데, '집중 학습법'이라 하여 아이들과 의논하여 결정하였습니다.

1학기와 2학기 국어 교과서 안에 있는 독서 관련 내용을 모두 모아서 일주일 동안 국어 수업만 하는 것이었습니다. 물론 교과 전담 선생님께서 하시는 수업만 빼고요.

먼저 아이들이 알고 싶어 하는 내용을 모두 칠판에 씁니다. 몇 년 전 5학년 담임을 할 때 아이들과 했던 수업입니다. 주제는 '시'였는데요, 아이들이 시에 대해 알고 싶어 한 것을 모두 모아보았더니 스물여섯 가지나 되었습니다.

시의 종류 / 시의 짜임과 구성 / 시가 발달해온 과정 / '여름'에 대한 시 / 시의 중심 내용 찾는 법 / '5의 4'란 제목으로 시를 지어보면? / 훌륭한 시인 조사해보기 / 시에서 재미있는 부분 조사해보기 / '옥수수'에 대한 시 (그해에 우리 반은 모두가 참여하여 운동장 가에다 옥수수를 심어 가꾸고 있었습니다.) / 시 지어보기 / 시를 잘 짓는 방법 알아보기 / 시 낭송 대회 열기 / 계절별로 시를 모아보기 / '나'에 대한 시 / 시가 노래가 된 경우 찾아보기 / 시를 읽고 공감하는 부분 찾기 / 자기가 좋아하는 사람을 글감으로 시 쓰기 / 어려운 말이 많아서 이해가 잘 안 되는 시 / 시 한 편 외워보기 /

시에서 반복되는 부분 찾아보기 / 사투리가 들어간 시 찾아보기 / 나의 애송시(5편 정도) 준비하기 / 형제, 부모님의 애송시 알아보기 / 영어로 된 시 조사해보기 / 덤으로, 한시 알아보기 / 시조에 대해 조사해보기

여기에 저도 하나 보탰습니다.
'훌륭한 시인이란 어떤 시인인가?'

이 스물여섯 가지는 아이들이 칠판에 쓴 것 중에서 중복되는 것은 빼고 아이들이 꼭 알고 싶다고 한 문제들만을 골라낸 것입니다. 저는 이런 수업을 하면서 늘 당황스러웠습니다. 5학년 아이들이 알고 싶다고 내놓은 문제들이 이런 정도인데, 내가 수업 시간에 가르치겠다고 내놓은 문제들은 어떤가? 비교가 되어서 더욱 그러했던 것 같습니다. 물론 아이들 간의 수준 차도 무시할 수 없고 몰입하여 공부할 시간도 충분하지 않겠지만, 알고 싶다는 열망이 담긴 목소리를 들을 때마다 무척이나 가슴이 답답해지곤 했던 기억이 납니다.

문제를 고르고 나면 다음엔 어떻게 알아내고 해결해야 할지 계획을 세워보게 합니다. 도서관에 가서 자료를 찾아서 해결해야 하는 것인지, 설문 조사를 해야 하는 것인지, 아니면 집에서 숙제로 해와야 하는지 정하고 의논도 합니다. 먼저 할 것과 뒤에 할 것의 순서를 정하고, 양이 많은 것은 모둠 단위로 나누어 맡기도 합니다. 이렇게 정한 과제를 각자

공부해와서 서로 나누기도 하고 발표도 하고 정리도 하였습니다.

이때 가능하면 저는 자료를 찾는 방법이나 어디서 찾으면 좋을지를 알려주고, 너무 산만해지거나 한쪽으로 치우치지 않도록 범위를 정해주는 일, 서로가 공부해온 내용을 체계적으로 정리할 수 있도록 도와주는 일 정도를 하였습니다. 학습 주제는 거창하게 내걸었지만 조사해온 것은 아주 일부분일 때도 있고, 때로는 주제와 상관없는 내용을 찾아오는 아이들도 있지요. 하지만 그것도 좋은 일이라고 해두었습니다. 그러한 경험을 통해 오히려 더 많은 것을 배울 수 있는 것이 또 아이들이니까요.

전체적인 것을 먼저 보고 계획을 세운 다음 또 충분한 시간을 가지고 (한 일주일 정도 푹 빠져서) 자세히, 깊이 공부를 하고 나면 아이들은 의외로 공부에 흥미와 자신감을 갖게 되는 것을 볼 수 있습니다. 그래서 이 공부 방법을 널리 나누고 싶다는 생각을 하곤 하였는데, 가끔 우리 반에서는 일주일 동안 수학 수업만 하거나 사회 수업만 하기도 하였습니다.

특히 과학을 집중 학습법으로 공부하는 것도 아주 좋았습니다. 보통의 과학 시간에는 정해진 과학실에서 한두 번 정도의 실험을 해볼 시간만 주어지기 때문에, 실험이 실패하면 아이들도 저도 난감할 때가 많았습니다. 실험 결과와 다른 내용을 학습 정리용으로 실험관찰 책에 써야 할 때 특히 그랬지요. 그러나 집중 학습으로 공부하면, 실패한 실험은 조건을 달리하여 여러 번 반복해볼 수 있지요. 그럴 때마다 실험 과정을 자세히 써보라고 하였습니다.

　다시 실험하고 정리해 나가는 과정에서 아이들은 여러 가지를 경험하고 배울 수 있었습니다. 정해진 실험 시간에 쫓기거나 대강의 공부만 하고 넘어가지 않아서도 좋지만, 무엇보다 수업이 단절되지 않아 공부하는 즐거움을 느낄 수 있었던 것 같습니다. 그래서 우리 반에서는 일주일 단위로 짜게 되는 학습 계획이 월 단위로 짜이는 때도 있었습니다. 이 공부 방법이 좋은 이유 중 또 하나는 아이들의 책가방이 아주 가벼워진다는 점도 있었습니다.

'시'를 공부한 일주일 시간표의 예

시간/요일	월	화	수	목	금	토
1교시	국어	국어	국어	국어	국어	국어
2교시	국어	국어	국어	국어	국어	국어
3교시	국어	미술	국어	국어	음악	국어
4교시	국어	미술	음악	실과	국어	국어
5교시	영어	체육	국어	국어	영어	체육
6교시	전산	클럽활동		합동체육	재량활동	

이런 학습 방법을 적용하려면 담임선생님께는 꽤 큰 용기가 필요할 거라는 생각이 듭니다. 시간표를 바꾸어야 하니 전담 선생님이나 과학실

선생님의 도움도 필요하고, 학교 행정가나 부모님들을 설득하는 데도 힘이 들 수 있겠지요. 그러나 의외로 한번 시도해보고 나면 또 그리 어렵기만 한 일은 아니라는 것도 알 수 있답니다.

현실적으로 모든 수업을 늘 이렇게 할 수는 없지만, 학년에서 의견을 모아 한 번씩 교과를 번갈아가며 실시해보는 것도 좋을 것 같습니다. 5학년 1반에서는 국어 수업만 일주일 동안 하니 과학실은 4반이 계속 써도 좋을 테지요. 또 2반에서는 사회과 학습 자료를 넉넉히 사용할 수 있어, 모든 아이들이 필요한 학습 자료를 각자 사용할 수도 있고요.

그러나 이 수업 방식을 적용하려면 무엇보다 아이들의 기본적인 학습 방법에 대한 훈련이 선행되어야 하겠지요. 저는 토론을 병행하여 해보았는데, 그전의 어떤 방법으로 했던 것보다도 효과적이었던 것 같았습니다. 토론 학습을 통한 학습 방법 익히기는 뒤의 '겨울' 편에서 자세히 안내해드리도록 하겠습니다.

부모님들께는 먼저 마음의 여유를 갖는 것이 참 중요하다는 사실을 전해야 합니다. 설익은 과일은 먹기가 쉽지 않듯이, 씨앗을 심고 금방 열매를 기대할 수는 없듯이, 충분한 시간과 노력이 무르익어야 비로소 제대로 된 결과가 드러난다는 사실을 늘 마음에 담아두시도록 꾸준히 소식을 전하거나 알림장을 이용해 알려드리면 좋겠습니다. 집에서는 아이가 숙제를 하거나 조사를 할 때 가능하면 "한번 찾아볼래?"라는 말씀만 해주시면 좋겠지요. 이때 사전이나 백과사전을 이용할 수 있도록 이끌어주시면 더 좋고요.

인터넷에서 필요한 정보를 찾아오라는 숙제를 내면 아이들은 허락받고 인터넷을 이용할 수 있어 더 좋아하기도 하는데, 설명하는 내용이 어려워 아이들이 요약하거나 참고하는 데 오히려 더 많은 시간이 걸리기도 합니다. 또 너무 많은 정보가 있어 골라내는 데 어려움을 겪는 것 같습니다. 쉽게 접근할 수 있고 손쉽게 찾을 수 있는 대신 쉽게 잊어버리게 되는 것도 같은 이치겠지요. 우리가 만약 어떤 문제의 답을 책으로 찾아야 한다면, 관련되는 책을 찾고 또 필요한 항목을 찾아야 할 테지요. 그 내용을 찾아가는 과정 자체가 이미 생각하는 과정이고 공부가 아닐까요?

그러니 무엇보다도 지나치게 빠른 결과를 기대하거나 눈으로 볼 수 있는 결과에 너무 큰 마음을 두지 마시라고 부탁드리고 싶습니다. 어떤 아이들은 아주 빨리 책에 재미를 붙이게 되지만, 어떤 아이는 스스로 책을 찾게 되기까지 아주 많은 시간이 필요하기도 합니다. 그러나 한 가지 중요한 것은, 눈에 보이지는 않지만 분명히 달라지고 좋아진다는 확신은 가져도 좋겠지요.

언제나 모든 학습 지도의 밑바탕에는 아이들의 수준 차를 어떻게 극복할까 하는 것이 제게는 화두였습니다. 독서 지도 역시 마찬가지지요. 그러나 다행히 다른 공부와는 달리 독서 지도는 철저히 개별 지도가 원칙이므로, 오히려 다른 공부보다 수월하였다는 느낌이 듭니다.

'아이들 각자 나름대로 목표를 세우게 하고, 자기 능력과 수준에 맞는 독서 활동을 꾸준히 할 수 있도록 돕기.'

제 나름대로 세워본 원칙이었습니다.

호랑이 구출 작전

재미있는 독후 활동

우리 아이들이 책읽기를 싫어하는 이유 중 한 가지가 '독후감 쓰기 싫어서'라고 합니다. 아이들에게서 듣는 말 중 저를 가장 난감하게 하는 것이 "또 써요?" 였습니다.

일기와 독후감 쓰기, 종류도 많은 편지 쓰기, 각종 공모전 응모작 수 채우기를 위한 글쓰기, 게다가 수행평가로 하는 글쓰기까지, 아이들은 정말 많은 글을 써야 합니다. 전혀 안 할 수는 없지만, 책을 읽고 경험한 것을 느끼고 갈무리할 틈도 없이 끝없이 써내야 하는 우리 아이들이 글 쓰기를 좋아하지 않는 것은 어쩌면 당연한 일이 아닐까요? 책을 읽고 나면 반드시 뭔가를 남겨야 한다고, 또 배운 것이 있어야 한다고 생각하시는 어른들이 가장 손쉽게 내는 이 과제가, 바로 아이들을 책읽기에서 멀어지게 하는 가장 큰 이유라고 합니다.

우리 반에서는 아이들과 책 읽고 뭔가를 해야 할 때 가능하면 독후감 쓰기보다 놀이를 하였습니다. 그중에서 우리 아이들이 좋아한 것이 '줄거리 이어가기'와 '호랑이 구출 작전'입니다.

'줄거리 이어가기'는 같은 책을 읽은 아이들이 여럿 있을 때 그 아이들끼리 모둠을 만들어 한 사람씩 차례로 줄거리를 정리해 나가는 것입니다. 이것은 누구나 손쉽게 할 수 있는 방법이고 아이들도 재미있어 하는 방법이었습니다. 그러나 아이들이 제일 재미있어 한 것은 역시 '호랑이 구출 작전'이었다고 생각됩니다.

"꾀 많은 토끼는 드디어 호랑이의 꼬리가 연못에 담기도록 하였습니다. 날씨가 추워서 연못은 얼음으로 변하고, 호랑이는 이제 꼬리가 잡혀 꼼짝도 할 수가 없게 되었습니다. 이제 호랑이는 꼼짝없이 토끼 손에 죽게 되었습니다."

처음에는 선생님이 누구나 알 수 있는 동화의 줄거리로 이야기를 시작합니다. 그러면 이제 아이들 중에서 희망하는 아이가 나서서 호랑이를 살리는 이야기를 지어내야 하는 것입니다.

"언젠가 병든 아버지를 위해 겨울에 딸기를 구하러 왔던 아랫마을 사는 김

첨지네 막내아들이 나무를 하러 산에 왔습니다. 그런데 겨울이라 일찍 어두워진 산속에서 그만 길을 잃었습니다. 아들은 밤길을 헤매다가 겨울에도 딸기를 구하게 해준 산신령님이 생각나서 나뭇짐을 내려놓고 기도를 하는데, 어디선가 호랑이 울음소리가 들려왔습니다. 무서웠지만 너무 슬픈 소리가 나서 그 소리를 따라가 보니 호랑이는 꼬리가 얼어 다 죽게 되어 있었습니다. 착한 효자는 자기가 지고 온 나무에 불을 붙여 얼음을 녹이고는 호랑이를 살려주었습니다."

이제는 선생님께서 다시 호랑이를 곤경에 빠뜨려야 합니다. 이 놀이를 하다 보면 아이들은 상상력을 동원하여 온갖 이야기를 지어냅니다. 자신이 읽었던 책 속에서 이야기를 변형해내는 솜씨도 때로는 놀라울 정도여서 아이들은 정말 즐거워하였습니다. 하는 방법을 알게 되면 이제 아이들끼리 하게 하고, 선생님도 중간에 끼어 그저 한 사람의 몫을 해내면 되겠지요. 이 놀이가 끝나면 제일 아슬아슬하게, 또 길게 이야기를 지어낸 친구에게 '토요잔치 초대권'도 상으로 줍니다.

이 놀이는 집에서도 쉽게 할 수 있으므로 때로는 숙제로 내주기도 하는데, 특히 부모님과 가족이 함께 하면 더 좋겠지요. 호랑이 대신 사슴이 주인공이 되어도 좋고, 아이 중 한 명을 주인공으로 하여 이야기를 진행하여도 좋습니다. 그러나 이때는 조금 조심해야 합니다. 가족이 함께 이 놀이를 하기 어려운 아이가 학급에 있거나 학급 아이들 사이에 소외되는 아이가 있을 때는 이렇게 진행하기가 어렵겠지요.

전체 학급 아이들의 분위기가 충분히 서로를 존중해주려는 마음들이 되어 있을 때 비로소 적용해볼 수 있겠습니다. 놀이라고 하지만 계속 진행이 되면 꼭 이겨야겠다는 생각에 이야기를 지나치게 비약하거나, 분위기에 따라 거친 쪽으로만 몰아가는 아이들이 있을 수 있습니다. 그럴 때 주인공이 되는 아이가 자칫 상처를 받을 수도 있겠지요. 하지만 우리 반에서는 정반대로 이용하곤 하였습니다.

지나치게 수줍음을 타는 아이를 주인공으로 하고는 온갖 모험 이야기로 영웅을 만들어주거나, 조금은 이기적인 아이를 주인공으로 하여서는 훌륭한 지도자로 줄거리를 전개시켜 나가도록 하여, 주인공이 된 아이가 우리 반 아이 모두에게서 영원히 잊을 수 없는 강한 인상을 받도록 한 것입니다. 이런 놀이를 함께 해봐야 우리는 알게 됩니다. 우리 아이들이 얼마나 현명한지, 그리고 얼마나 속이 깊고 사랑스러운 아이들인지.

집중 학습의 열매

인형극의 밤

책을 들고 산책도 하고 친구들과 놀이도 하며, 또 전력 독서, 집중 공부도 해가며 아이들과 호흡을 맞추는 가운데 어느새 6월이 다 가게 됩니다. 아침에 하는 10분 독서는 이제 아주 자연스러워졌습니다. 책을 열 듯 마음을 열고 시작하는 아침, 음악이 있고 시가 있어 더욱 따스합니다.

아이들과 국어 공부를 해보면 언제나, 거의 모든 아이들이 가장 재미있어 하는 단원이 있는데 그것은 바로 연극하는 글입니다. 극본이 나오면 아이들은 맨 먼저 "연극해요?" 하고 물어옵니다. 배역을 정해 낭독만 하거나 관련 이론만 공부해온 아이들이라면 "당연하지!" 라는 저의 대답에 그만 감동하고 맙니다. 아이들은 연극을 정말 좋아하는 것 같습니다. 수업 시간에 교과서에 있는 극본으로 연극을 해보면 금방 알 수 있지요.

우리 반에서는 국어 시간이든 사회 시간이든 과학 시간이든, 적당한 소재만 주어지면 금방 연극으로 상황을 바꾸어 수업에 적용하곤 하였습니다. 그러면 금세 우리 반에는 활기가 돌고, 아이들의 눈빛은 반짝이기 시작합니다. 이렇게 좋은 연극이 어찌하여 정식 교과가 되지 않는 건지….

우리 반에서는 1학기 말에는 '인형극의 밤'을, 학년 말에는 '연극의 밤'을 계획하였습니다. 아이들은 누구나 연극하는 것을 좋아하지만, 무대에 올라서서 직접 하는 연기에는 망설이고 부끄러워하는 아이들이 많아서 먼저 인형극을 해보기로 하였습니다. 이 공부도 '집중 공부' 방법으로 하였습니다. 그때 함께한 아이들이 5학년이었는데, 정말 좋아하며 한 행사였기 때문에 조금 자세히 소개해보겠습니다.

우리 반 '인형극의 밤'은 주제를 정하고, 극본을 마련하고, 인형과 소품 준비, 공연장 꾸미기, 안내장 만들기 등을 일주일 동안 아이들이 공동 작업으로 하는 것이었습니다.

| 계획 세우기 |
먼저 전체 계획을 세우는 모임을 갖습니다. 이 일은 집중 공부를 시작하

기 전 토요일쯤, 아이들이 직접 하도록 하면 좋겠습니다. 이때 꼭 기억해야 할 것이 있다면, 인형극의 전체적인 그림을 아이들 마음속에 충분히 그리게 하는 과정이라고 할 수 있습니다. 선생님께서 의도하시는 바와 아이들이 생각하는 기대치를 적절히 조화롭게 만드는 일이 중요하므로 충분한 시간을 가질 수 있기를 바랍니다.

그리고 아이 한 명 한 명이 각자의 마음속에 그린 그림을 모두 발표하게 하고는, 실현 가능한지 따져보고 의논하는 시간이 꼭 필요합니다. 그러고 나서 주말 동안 많은 생각을 해오기로 하면 일주일이 조금 더 알차게 진행되겠지요. 처음에는 회의하는 데 시간이 많이 걸리고 의견이 분분하지만 아이들은 금방 스스로 정리해 나가는 솜씨를 보여줍니다. 저는 옆에서 빠뜨리는 부분이 있나 챙기는 일과 내가 도울 일이 무엇일까 미리 준비해두는 일을 하였습니다.

| 우리도 극작가! |

첫째 날, 아침독서가 끝나면 모둠별로 그날 할 일을 정하고 전체 아이들 앞에서 발표하게 합니다. 이때는 계획서가 만들어졌는지를 선생님께서 확인하셔야 합니다. 발표가 끝나면 수업이 끝날 때까지 모둠끼리 의논하여 주제를 정하고 준비와 연습을 합니다. 마지막 시간에는 그날 하루 동안 한 일을 전체 아이들 앞에서 발표하게 하여, 서로의 준비 과정을 함께 나누게 합니다. 모둠끼리 서로 도움말을 주기도 하고 스스로 반성

도 하게 하면 날마다 좋아지는 것을 볼 수 있을 테지요. 이때 어른들의 도움이 필요하면 어머니 모임에 도움을 청해도 좋다고 합니다. 단, 어머니들께는 도와주실 사항을 미리 알려드려야겠지요.

전체 모임에서의 계획 발표, 모둠별 활동, 전체를 위한 활동, 하루의 평가와 반성… 이러한 하루 일과는 꼭 날마다 하여야 합니다. 그렇지 않으면 모둠별로 차이가 많이 나서, 결국 전체적인 진행에 차질이 오게 됩니다. 저도 처음에는 "잘 되어가고 있니?" 묻기만 하고 넘어갔더니 며칠 후 행사가 다 되어서야 모둠별로 너무 차이가 난다는 사실을 깨닫고 애를 먹곤 하였습니다.

극본을 정할 때는 아이들이 직접 써도 좋고 그동안 읽은 책 중에서 마음에 드는 것을 골라 극본으로 바꾸어 써도 좋다고 하였습니다. 우리 반 아이들은 거의 모두가 직접 자신들의 이야기를 쓰고 싶어 했습니다. 책에 있는 내용을 극본으로 바꾸어보는 작업도 좋은 경험이 될 것 같아 저는 그렇게 해도 좋다고는 하였습니다만.

먼저 준비해온 이야기를 가지고 모둠별로 5분 정도 되는 분량의 극본을 써보게 하였습니다. 여섯 모둠 중 네 모둠이 직접 원고를 쓰고, 두 모둠은 책에 있는 내용에 자신들의 생각을 넣어서 하기로 하였습니다.

"그런데 선생님, 극본으로 쓰는 건 어떻게 쓰는 거예요?"

"어떻게 쓰는 건지 알고 있는 모둠 있나요?"

"……"

"자, 그럼 모두 제 자리로 가서 앞으로 보고 앉아주세요."

일단 전체적으로 극본의 특징을 설명해주고, 쓰는 방법에 대해서도 함께 공부하였습니다. 교과서에 있는 글을 참고로 하여 설명해주면 잘 이해하는데, 이런 일을 해보면 그냥 배우는 것과 자신이 직접 해보는 것의 학습 효과가 얼마나 큰 차이가 나는지 알 수 있게 됩니다. 4학년 때까지 학기마다 한두 번은 연극하는 글을 공부하였지만 직접 써보는 것은 처음이라 시작이 특히 어려웠는데, 주제를 정하고 개요를 짜는 활동도 이때 실감나게 해본 것 같습니다.

아이들은 머리를 맞대고 극본을 써나갔는데, 저는 가능하면 옆에서 지켜보는 일만 하였습니다. 첫날은 극본을 완성하고 읽기 연습을 한 뒤에 수정하는 작업도 해보라고 하였습니다. 모둠별 수준 차를 조정하는 일 정도는 제가 하였습니다. 계획하였던 대로 마지막 시간에는 그날 모둠별로 했던 작업을 전체 아이들 앞에서 요약 발표하고, 내일 할 일을 간단하게 소개하였으며, 준비물도 점검하게 하였습니다.

우리 반 아이들이 쓴 극본의 제목을 소개해보면 다음과 같습니다.

* 책과 인사하는 날
* 북한에 우리 정성을
* 만남
* 옥수수…?

- 훌륭한 왕따
- 학교 폭력이란?

| 소품 준비 |

둘째 날은 소품 준비와 '인형극의 밤'을 위한 계획을 세워보도록 하였습니다. 극본을 읽으며 연습도 하고 소품도 만들며 하루를 보냅니다. 이날은 전체 모임을 갖고 공연에 관한 일을 의논하였습니다. 공연 장소는 어디로 할 것이며, 누가 참가하고, 홍보는 어떻게 하며, 관람료는 얼마를 받을까 같은 내용들을 정했습니다.

아이들은 회의를 하더니 '친구들도 오고 부모님들도 오시게 하자'고 정하고는, 많은 관객을 초대한 사람에게는 선물도 준비하고, 행운권 추첨도 해보자, 그날 밤 사회는 누가 맡을까, 초대장도 필요하다, 각각의 일을 맡을 사람도 정하자… 등등의 의견을 내었습니다. 그렇게 해서 학급 모든 아이들이 하나씩 일을 나누어 맡기로 하는 데까지 의견을 모으는 것이었습니다. 약속대로 모둠별 활동 내용을 발표하고 마쳤습니다. 지켜보는 저는 아주 즐거웠습니다.

| 중간 점검 |

셋째 날, 약간의 문제가 생겼습니다. 일단 전체 모임에서 연습의 중간 점검을 하기로 하고는 차례로 나와서 연습을 해보는데, 아이들 분위기

가 어색해지며 영 시원찮은 것이었습니다.

"재미없어?"

"예…!"

"시시해요!"

"이상해요!"

"왜 그럴까?"

"……."

이야기를 나누어본 결과, 극본이 재미없게 쓰였다는 사실을 우리는 발견하였습니다.

"어떻게 할까?"

"다시 하면 안 될까요?"

"시간이 부족할 텐데…."

"그래도 다시 하고 싶어요."

"그래? 그럼 그러자!"

'어떻게 하면 재미있는 극본이 될까?' '왜 재미가 없을까?' 우리는 그 답을 '이야기 글 요약법'을 떠올리며 찾아낼 수 있었습니다. 아이들이 준비한 극본에는 주인공과 처한 상황이 있었으며, 빈약하지만 동기도 있고, 주인공이 어떤 행동을 하였는지, 그래서 어떤 결과가 일어났는지도 나와 있었습니다. 그런데 한 가지,

'방해!'

그것이 없었습니다. 그래서 등장인물은 다 착하기만 하고 결과는 행복하게 끝나는 것으로 되어 있습니다. 그런데 왠지 조미료만 잔뜩 들어가고 간이 되지 않아 밍밍한 반찬처럼 맛이 없습니다. 아이들은 도무지 재미가 없다는 사실을 비로소 발견해내고는, "아~하!" 하는 것이었습니다.

"또 바보 도 통하는 소리!"

그때 아이들의 얼굴에 피어나던 그 만족스런 웃음.

실패를 통해 또 한 수 배운 우리의 연습은 다시 시작되었습니다. 극본은 다시 씌어지고 '누가 방해꾼이 될까?' '어떤 방해를 하게 하나?' '주인공이 아주 큰 어려움을 당하면 더 흥미진진해지는구나.' '방해꾼 역은 누가 맡을까?' …

"그런데요 선생님, 방해꾼 역을 아무도 안 하려고 해요."

"그래? 그럼 재미없는 연극을 보기로 하지 뭐."

"우리 모둠에서는 강산이가 한대요."

"우~."

아이들은 집에 가서도 끼리끼리 모여서 연습을 하는 눈치였습니다. 이렇게 극본을 쓰고 준비하고 연습을 하면서 서로 다투기도 하고 의견을 맞추어 나가는 것이 또 한 편의 이야기 글임을 아이들은 언제쯤 알게 될까요?

넷째 날, 극본으로 고민을 하던 아이들은 이제 소품 준비와 행사 준비가 늦어졌다고 걱정이 태산이었습니다. 마침, 학기가 끝나가는 때에 우리 아이들이 왜 이리 바쁘냐고 어머니들께서 물어오셨기에 도와주십사고 부탁을 드렸습니다. 인형 만드는 일에 시간이 많이 걸렸는데 어머니들께서 도와주셔서 조금은 빨리 끝낼 수 있었습니다.

재미있는 것은, 누가 가르치고 시키지도 않았는데 여섯 모둠이 한 교실에서 모두 제각기 다른, 아주 독특한 모양의 인형을 만들어냈다는 것이었습니다. 인형을 만들어놓고 새삼 우리는 모두 놀라워하였습니다. 아이들이 저녁까지 남아서 준비물을 챙기고 대사를 외우느라 교실은 시골 장터 같았지만, 진정 즐거워하는 아이들을 볼 수 있어 저는 오히려 행복했습니다. 학원 갈 시간이 되었다고 서두르는 아이도 없어서 제가 오히려 "얘들아, 학원 안 가도 괜찮아?" 걱정을 해주어야 했습니다.

안내장을 맡은 아이는 만들어온 안내장에 일일이 받는 사람 이름을 써주고, 꼭 오라고 당부도 하였습니다. 공연장 꾸미는 일을 맡은 아이들은 바쁘게 교실을 오가며 나름대로 열심히 준비를 합니다. 아이들을 이렇게 힘나게 하고 즐겁게 하는 일이 있다는 사실이 저는 참 신기하였습니다. 우리 반 아이들만 그런 것일까요?

| 드디어… |

다섯째 날, 드디어 '인형극의 밤'이 열리는 날이 되었습니다. 아이들의 흥분은 최고조에 달하고, 해보겠다고 용기를 냈지만 손님도 온다고 하니 떨려서 어쩔 줄 모르겠다고 엄살도 부립니다. 그래도 하나같이 아이들은 모두 바쁩니다. 다시 한 번 준비물을 챙기고, 시간표를 확인하고, 큰 소리로 대사 읽는 연습도 하였습니다.

점심을 먹고 총연습을 하기로 하고 준비된 공연장으로 갔습니다. 공연장은 우리 학교 연극부가 사용하는, 교실 두 칸 크기의 작은 공간이었습니다. 우리 학교에는 인형극 전용의 작은 무대 세트가 준비되어 있어서 연극부 선생님께 빌렸습니다. 작은 교단 높이의 무대가 앞에 있었지만 우리 반 아이들은 벽 쪽으로 인형극 무대를 설치하였으며, 관람석도 의자를 반달 모양으로 둥글게 배치하여 마당극 무대처럼 만들었습니다.

'인형아 노올자!' 라는 제목을 크게 만들어 무대 위 천장에 붙였는데, 글자 하나하나를 따로 만들어 붙여서 바람에 나부끼는 것이 아주 멋졌습니다. 조명 시설도 하나 빌려 설치하였습니다. 그럴듯하게 만들어진 무대에서 총연습을 하는 아이들의 들뜬 분위기가 왁자합니다.

"야, 너 소리 좀 크게 해라야."

"아이고, 아무리 해도 소리가 안 나온다. 어쩌노?"

서로 소리를 크게 하라고 주문하고는 연습하면서 자신들이 더 즐거워 야단이었습니다.

마지막 시간은 역시 전체 모임 시간, 밤에 있을 행사 준비에 빠진 것이 없나 최종 점검해보는 시간을 가졌습니다. 흥분하여 앞뒤가 없을 것 같은 아이들이지만 나름대로 하나하나 챙기는 것을 보니 어느새 성큼 자란 중학생쯤으로 보이는 것이었습니다.

교실에 있던 준비물을 공연장으로 옮기고 손님 맞을 준비를 합니다. 이때 선생님은 메모장을 보면서 각자가 맡은 일을 다시 한 번 챙기도록 꼭 상기시켜야 합니다. 풍선을 불어 분위기도 띄우고, 학교 입구에서부터 공연장까지의 길 안내판도 재미있게 만들어 붙이고, 행운권도 챙기고, 기념으로 준비한 사탕도 예쁜 바구니에 담아 입구에 가져다두고요. 입장료를 받을 통도 멋지게 만들어 책상에 올려두고 아이들은 집으로 갔습니다.

'어른은 100원, 어린이 손님은 무조건 공짜!'
'손님들께는 '몰래 사진'을 공짜로 촬영해드립니다.'
'운이 좋으신 분은 '토요잔치 초대권' 행운권도 받으세요!'

일단은 집에 가서 이른 저녁을 먹고, 행사 시작 한 시간 전에 다시 학교에 모이기로 하였습니다. 학교에서 저녁밥까지 해 먹자고 우기는 아이들을 설득하여 밥은 집에서 먹고 오기로 하였습니다. 그리 되면 일이 너무 많아지니 다음 기회에 하자고 달렸지요.

밤에 학교에 간다는 사실이 또 그렇게 신기한 일일까요? 남자아이들은 여자아이들을 놀래줄 귀신 놀이 준비도 빠뜨릴 수 없습니다. 이럴 때를 대비하여 달도 없는 그믐밤에 행사를 계획하였다는 것을, 아이들은 아마 지금도 모르고 있겠지요.

여름날 긴 해가 서산으로 기울고, 아이들은 제 키보다 긴 그림자를 끌고서 하나 둘 학교로 옵니다. 손에는 미처 챙기지 못한 준비물과 친구들과 몰래 먹을 간식도 들고서.

늦은 저녁 8시.

아이들은 모두 복도에서 들려오는 발자국 소리에 귀를 기울이며, 손님이 얼마나 오시나 연신 창밖을 내다보곤 하였습니다. 약속한 8시가 되자 부모님과 가족들, 그리고 꽃까지 들고서 나타난 친구들로 공연장은 만원이 되었습니다. 게다가 교장 선생님께서도 오셨다고 하자 아이들의 흥분은 절정에 달하였습니다. 초대장을 드리긴 했지만 정말 오시리라곤 아무도 기대하지 않았는데 말이지요.

'애국가 제창'이나 '교장 선생님 말씀' 같은 식순도 없고 교장 선생님 자리도 따로 없어, 교장 선생님은 아이들 옆 의자에 우리 반 아이 동생을 안고 앉으셨습니다. 진행자도 없이 앞 순서에 한 아이들이 자기들 순서 끝나면 머리 긁적이며 나와 인사하면서 '다음은 쪼무래기들 모임

조의 '북한에 우리 정성을'이라는 인형극을 보시겠습니다."라고 소개합니다. 다함께 다음 순서를 알려주고 우르르 들어가는 어설픈 공연이었지만 교장 선생님께서는 입장료도 두둑이 내셔서 아이들의 입이 귀에 걸리도록 해주셨지요.

준비하며 재미있었던 일 중 하나. 공연 날 오후 총연습을 하는 시간이 되어서야, "행운권 추첨하는 시간에는 누군가 진행을 해야 하지 않아?" 하는 의견이 나와 아이들은 진행자를 뽑기로 하였습니다. 먼저 희망자를 조사하여 그중에서 한 사람을 정하였는데, 그 자리에서 뽑힌 보민이가 그날 밤 보여준 진행 솜씨는 너무나 빼어나서 아이 어른 모두 "저 애, 우리 반 보민이 맞아?" 하고 감탄하였습니다.

공연이 끝나고 돌아가시는 부모님들은 다시 입장료를 더 내시기도 하였습니다.

"100원으로 보기엔 아까운 공연이네요."

우리 반에서는 이렇게 7월을 보내고 있었습니다.

보물상자를 공개합니다

책읽기의 기쁨을 두 배로!

이렇게 책읽기를 하는 우리 아이들의 마음은 어떻게 자라고 있을까요? 할 수만 있다면 아이들의 마음을 열고 가만히 들여다보고 싶은 느낌입니다. 그럴 때 아이들이 써가고 있는 보물상자를 열어봅니다.

만약 학기 말이라 일과 시간 중에 시간을 낼 수 있다면 한 시간쯤 시간을 내어 '보물상자 열어보기'를 해보는 것도 좋겠습니다. 발표하고 싶은 사람의 신청을 미리 받아도 좋고, 돌아가면서 모든 아이들이 한 구절씩이라도 발표하게 해보는 것도 좋습니다.

자기가 가장 마음에 들어 하는 말이나 문장을 소리 내어 읽기만 해도 괜찮다고 해주면 아이들은 크게 부담 느끼지 않고 참가하는 것 같습니다. 그때의 느낌이나 왜 이 문장을 골랐는지 그 이유도 함께 이야기하면 더 좋겠습니다. 이때 출처를 정확하게 밝히는 일이 중요하다는 것도 알게 해야겠지요.

저는 '짝과 돌려 읽기'도 해보았는데 아이들은 그 행사도 참 좋아하였습니다. 짝의 보물상자를 읽고는 밑에 한 줄씩 자신이 좋아하는 말을 써주기도 하였으며, '내 짝의 보물상자에서 퍼온 말'이라는 난을 만들어 자신이 좋아하게 된 말을 옮겨 써두기도 하였습니다.

같은 책을 읽은 친구끼리 모여서 보물상자 돌려 읽기를 해보는 것도 또 하나의 새로운 경험이었습니다. 캐서린 맨스필드는 "같은 책을 읽은 사람들과 어울릴 때 책읽기의 기쁨은 두 배가 된다."라고 하였는데 참 맞는 말이구나 하는 생각이 들었습니다.

집에서도 이런 간단한 숙제는 할 수 있겠지요? 주말에 '나의 보물상자를 공개합니다'라는 숙제를 냈습니다. 우리 반에는 '해오면 좋고 안 해도 괜찮은 숙제'가 있었는데, 이 숙제도 거기에 속했습니다. 단, 숙제를 해오면 '짭짤한 상품'이 있긴 했습니다만.

그러면 '해오면 좋고 안 해도 괜찮은 숙제'는 어떤 게 있을까요?

- 오늘 배운 시를 그림으로 그려보기
- '내 발 그리기' 숙제를 해왔던 사람은 그것을 2분의 1로 축소해 그려보기
- 오늘 배워 부른 노래 부모님께 불러드리기

- 날씨가 좋으면 친구들과 밖에서 한 시간 동안 뛰어놀기
- 날씨가 좋지 않으면 한 시간 동안 책 읽고 보물상자 채우기
- 여학생은 아버지 발을, 남학생은 어머니 발을 씻겨드리기
- 내가 만든 음식으로 부모님께 대접하기
- 잠들기 전에 우리 선생님 생각 세 번 하기

이런 숙제를 냈을 때 잘했다고 부모님의 감상을 받아오거나 자신의 생각을 써오면 때로는 별을 한 개 달아주고, 아주 열심히 했을 때는 토요잔치 초대권, 동화책 한 권, 일주일마다 짝을 바꿀 때 제일 먼저 선택할 권리, 선생님의 일기 한 편 읽어주기도 상품으로 주었습니다.

그런데 한번은 선생님의 일기를 공개하는 상을 받은 아이가 듣고 싶다고 청한 날짜, 그날의 제 일기는 비어 있었습니다. 그래서 아이들과의 약속에 따라 그날을 전후한 이틀치를 공개하고는 모든 아이들에게 사탕 하나씩을 상으로 주어야 했습니다. 물론 그 아이는 그날 바로 아이들의 영웅이 되었지요.

드넓은 책의 바다로 초대합니다

도서관에서 책읽기

이렇게 책과 가까워진 우리 아이들을 이제 좀 더 넓은 책의 세계로 조심스럽게 초대해야 합니다. 처음엔 반 전체가 다 함께 도서실에 가서 한 시간 동안 조용히, 읽고 싶은 책을 골라 읽게 하면 좋겠습니다.

"도서실 갈 때 보물상자 가지고 갑니다."

요즘은 학교에서 전체적으로 일주일에 한 시간은 도서실에서 수업을 할 수 있게 하는 것 같습니다. 학기 초에는 도서실 이용법이나 활용 방법을 자세하게 충분히 공부하고, 본격적으로 도서실을 이용하는 것은 이렇게 담임선생님의 계획에 맞추어 하는 것도 좋을 듯합니다.

일주일이나 이 주일에 한 번쯤 도서실에 가서 눈을 맞추고 호흡을 함께하는 것은 아이들에게 정말 중요한 일이지요. 아이들은 이 시간을 학교생활의 '쉼표'라고 하더군요. 이때는 아무 부담 없이 자신이 읽고 싶은 책을 마음껏 읽게 해주는 것도 좋지 않을까요?

그 뒤에 숙제를 해결하기 위해 자료를 구하라고 하면 우리 아이들은 맨 먼저 도서실을 떠올리고 달려가게 되지요. 저는 가능하면 도서실에서 자료를 구할 수 있는 숙제를 내고, 사전 찾기를 통해 어휘력을 키우는 습관을 들이게 하였습니다. 때론 함께 가서 '자료를 찾아 글쓰기'를 해보거나 '참고자료 많이 찾기'를 하면서, 도서실에 가는 것을 자연스럽게 할 수 있게 하였습니다. 숙제를 해오지 않은 친구에겐 벌로 '도서실에 가서 책 한 시간 읽고 집에 가기'를 하게 하였는데, 나중에는 아이들이 벌 받는 걸 좋아하게 되어 오히려 골치가 아플 지경이 되었습니다.

이때쯤에는 숙제로 '우리 동네 도서관에 다녀오기' 같은 것은 어떨까요? 물론 현실적으로 동네 도서관이 충분하지 않은 것은 알지만, 의외로 우리가 마음만 먹으면 이용할 수 있는 공공 도서관은 찾을 수 있을 것 같습니다. 또 우리가 자꾸 찾아야 공공 도서관이 우리 집 가까운 곳에 생길 수 있다고, 아이들에게도 부모님께도 누누이 당부해두었습니다.

도서관! 하면 저는 마음부터 먼저 설렙니다. 오래전부터 제가 꿈꾸어 왔던 우리 도서관의 모습은 이러합니다. 단 한 명의 아이를 위해서도 언제나 문이 활짝 열리는 곳, 책을 읽지 않는 아이라도 그냥 가보고 싶은 곳, 무슨 책을 어떻게 읽을지에 대해 내 생각이 당당해지는 곳, 언제나 잔잔한 음악이 있고 편안한 쉼터가 있으며 공부를 돕기 위한 다양한 참고서들이 우리 아이들을 기다리는 곳, 아이들의 눈높이에 딱 맞춘 열람실과 서가가 있고 따뜻한 웃음과 도움을 주시는 사서 선생님과 자원봉사자가 있어 우리 집에 온 것처럼 느껴지는 곳, 배가 출출한 오후엔 간식도 주고 때때로 영화도 볼 수 있는 곳, 낙서만 해도 상을 주는 즐겁고 재미있는 행사가 1년 내내 열려서, 참가하면 맛있는 자장면을 함께 먹을 수도 있고 만화책도 마음껏 빌려 볼 수 있는 그런 도서관….

달 밝은 밤에는 부모님과 손을 잡고 도서관에 나와 촛불 앞에서 책도 읽고, 직접 책을 쓴 저자를 만나 이야기도 나누고, 책 속에 나와 있는 유적지를 따라 여행도 가보고, 친구들과 부모님과 손잡고 시 낭송도 해보는 그런 도서관. 한여름 밤 도서관에 모여 새벽이 되도록 친구들과 어울려 책을 읽고 산책도 하며, 내 마음을 움직이는 좋은 글을 옮겨와 낭독도 해보는, 그런 일들이 쉼 없이 이루어져 그곳에만 가면 책을 읽지 않아도 뭔가 가슴이 뿌듯해지는 그런 도서관…. 저는 그런 도서관에서 우리 아이들과 만나고 싶었습니다. 그 속에서 우리 아이들에게 진정한 책의 맛을 느끼게 해주고 싶었습니다.

책을 고를 때의 그 작은 설렘과 책 속에서 만나는 주인공과의 잔잔한 교감, 손때 묻은 책을 아껴가며 읽을 때 느껴지는 그 순한 기쁨, 왠지 서늘한 분위기의 서고에 들어가 오래된 책이나 새 책들이 뿜어내는 책의 향기를 맡으며 느끼는 넉넉함, 내가 찾던 책이나 자료를 어렵게 구했을 때의 그 기쁨…. 이런 맛을 우리 아이들이 자라면서 단 한 번이라도 경험할 수 있다면 얼마나 좋을까요?

도서관은 편안하고 조용하며 정말 멋진 곳입니다. 그래서 그런지 도서관에서 만나는 아이들은 누구도 난폭하거나 무례하지 않은 것 같습니다. 거친 아이들이나 시끄러운 아이들에게 특별히 '출입 금지'를 시킨 것도 아니고 누구든 도서관에 올 수 있는데도 말입니다. 성적이나 재능에 상관없이 누구에게나 공평하게 열려 있고, 누구나 소중한 한 사람으로 존중받는 따뜻한 공간인 도서관, 그곳에서 만나는 아이들은 참 예쁘고 아름답습니다.

지금 있는 우리들의 학교 도서실이 이런 역할을 하면 어떨까 하는 생각을 자주 해봅니다. 물론 주민들이 누구나 걸어서 갈 수 있는 곳에 작고 알찬 도서관이 많이 생겨야 하고 그것이 가장 이상적이겠지만, 우선은 동네마다 있는 학교의 도서실을 활성화하여 우리 동네 아이와 어른들의 문화 사랑방으로 만들면 어떨까 하는 것입니다. 지금 있는 시설과 자료를 조금씩 더 확충하고, 교실 한 칸쯤만 더 도서실로 만들어 사서 선생님을 충분히 배치하면 전혀 불가능한 꿈은 아니지 않을까요?

그 사랑방에 모인 동네 어른들의 의견이 모여서 우리 동네 작은 도서관 만들기가 시작되고, 젊은이들은 공부방을 만들어 동네 아이들 모두의 형 누나가 되어주고, 이렇게 뜻이 모아지고 마음이 합해지면 우리들의 꿈은 훨씬 더 빨리 이루어지지 않을까 합니다.

부모님께

요즘 우리 아이들의 책읽기가 익숙해지고 있습니다. 아직 스스로 찾아 읽기가 어려운 친구도 있지만 책 읽는 것을 즐거워하게 된 것만은 분명한 듯합니다. 부모님께서도 가끔 책을 들고 산책도 함께 해주시면 어떨까요? '동네 서점에 가서 책 읽고 오기' 같은 일은 부모님의 도움이 필요합니다. 가능하면 함께해주시고 늘 관심 가져주시면 고맙겠습니다. 혹시 우리 아이들의 독서 생활에 대해 하실 말씀이 있으시면 제게 연락해주십시오.

그리고 남은 7월은 여러 가지 행사를 하면서 정리도 하고 다양한 공부를 하려고 합니다. 때로 마무리는 시작하는 것보다 더 중요하다는 생각을 해봅니다. 하루하루 우리 아이들 모두에게 잊을 수 없는 아름다운 날들이 되도록 노력하겠습니다.

가끔 '부모님께 책 읽어드리기' 숙제를 내거나 부모님과 함께하는 독서 행사를 하고 나면, 부모님들께서는 아이들 덕분에 많이 배우신다는 말씀을 하십니다. 무리하지만 않는다면 그런 기회를 숙제로나마 가질 수 있게 해드리는 것도 좋을 듯합니다.

그러나 이런 숙제를 낼 때마다 사실은 가슴이 뜨끔해지고 참 조심스러워지기도 했습니다. 특히나 가족이 함께 숙제를 할 수 없는 아이가 학급에 단 한 명이라도 있다면 정말 조심해야 합니다. 요즘은 어머니께서 직장을 다니시는 아이들이 많아 또 마음이 쓰입니다. 그래서 저는 가능하면 숙제를 내지 않는 쪽으로 진행을 하였습니다만, 꼭 내야 한다면 쉽고 즐겁게 할 수 있는 과제로 두세 가지를 함께 내서 선택할 수 있게 하거나, 일주일쯤 시간을 충분히 주어서 가정마다 형편에 따라 할 수 있도록 하였습니다.

그리고 숙제는 반드시 확인 가능한 횟수와 양만큼만 내야 한다는 원칙을 지키려고 노력하였습니다. 숙제를 냈으면 가능하면 반 아이들이 모두, 반드시 해오게 하고 확인까지 받도록 해야 효과가 있겠지요. 숙제를 먼저 한 아이부터 확인을 받게 하면 며칠에 나누어 차례로 볼 수 있어서, 한꺼번에 대충 하는 숙제 검사를 피할 수도 있을 것 같습니다.

숙제를 해오지 않은 아이에게는 왜 해오지 못했는지 꼭 한 번 물어보시면 좋겠습니다. 이유라도 속 시원히 말하고 나면 아이들은 훨씬 마음 홀가분해 합니다. 숙제를 하지 못해서 갖게 된 마음의 찌끼기 때문에 선생님과 조금씩 마음의 거리를 두게 되는 아이들이 생기면 안 되겠지요. 누구든지 우선 믿고 의심하지 않으며 어설픈 변명이라도 진지하게 들어주고 자신을 믿어주는 선생님을 한 번이라도 겪고 나면 아이들의 태도는 달라진다는 사실, 누구보다 선생님들께서 제일 잘 아십니다.

신영복 선생님의 책에서 읽고 밑줄 그어두었던 말 중에서 교실에 서면 늘 생각나는 것이 "아이들을 가르치는 것은 가르치는 사람의 너그러움에 있는 것이지 잘잘못을 가리는 정확성에 있는 것은 아니다."라는 말이었습니다. 우리는 얼마나 정확해지려고 피곤한 노력들을 하는지요?

반 친구들과 함께 도서실에 가서 책읽기를 하고 나면 이제는 혼자서 도서실을 이용할 수 있도록 지속적으로 이끌어주어야겠습니다. 도서실을 이용하는 숙제를 낸다든지 '짝과 함께 도서실 들렀다가 집에 가기'를 일주일쯤 계속하도록 숙제를 내주는 것도 좋겠습니다. 그래야 방학 때도 혼자서 쉽게 도서실에 갈 수 있을 테니까요. 요즘은 방학 때도 도서실을 개방하는 학교가 많아지고 있더군요.

숙제를 아주 싫어하는 아이들도 '책 20분간 읽기' 같은 숙제는 부담 없어 하고, 오히려 다른 숙제가 없어지니 좋아하는 것 같습니다. 게다가 좋아하는 책을 읽다 보면 30분을 훌쩍 넘기는 것은 예사인데, 그렇게 읽고 나면 부모님과 선생님께 칭찬도 듬뿍 받을 수 있으니 숙제치고는 꽤 괜찮은 숙제가 아닐까요?

물론 '책읽기까지 숙제로 내야 하는가?' 하고 생각하시는 분도 계실 듯합니다. 어떤 아이들은 가만히 두어도 책을 좋아하고 찾아 읽지만, 어떤 아이들은 책이라는 말만 들어도 멀리 도망가거나 잠이 온다는 아이도 있습니다. 어릴 때부터 책과 친해질 수 있는 좋은 환경 속에서 부모님과 함께 책을 읽으며 커온 아이들에게는 굳이 이런 숙제가 필요 없겠지만, 그렇지 못한 아이들도 함께 있는 곳이 우리가 서 있는 교실이고 우리가 만나는 아이들이라는 생각이 듭니다. 어렵지 않고 즐겁게 할 수 있으며 아이들에게 자신감을 키워줄 수 있는 숙제라면 '독서'도 숙제로 괜찮지 않을까요? 단, '이걸 읽어라, 저건 읽지 마라.' '이렇게 읽어라, 저렇게 읽어라.' 하지만 않는다면요.

동요를 배우고 익히며 깨달은 일 중 하나가, 대중가요는 그냥 두어도 누구나 쉽게 따라 부르고 즐기게 되지만 동요나 가곡은 일정한 연습을 통해 배워야 비로소 그 맛을 알게 되고 즐길 수 있게 된다는 사실이었습니다. 책의 맛을 알게 하는 것도 이와 다르지 않다는 생각이 들었습니다.

우리는 사랑하고 존경하지 않는 사람에게서는 아무것도 배울 수 없는 법이라고 합니다. 그렇기 때문에 만약 우리가 아이들에게 사소한 어떤 것이라도 가르치고자 한다면, 우리는 먼저 아이들로부터 신뢰받고 사랑받는 존재이어야 한다는 생각이 듭니다.

'가르치려 하지 말고 먼저 그냥 사랑하기.'

어떻게 하면 우리 어른들은 아이들에게 책읽기를 가르치려 하지 않고 그냥 아이들을 사랑하고 책읽기를 좋아하게 될까요?

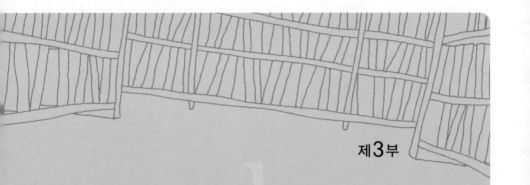

제3부

방학 중의 독서 지도

훌쩍 크는 아이들

방학은 혼자 책 읽는 훈련의 기회

선생님과 함께, 또 친구들과 함께 책을 읽다 보면 어느새 우리 반 아이들에게는 책 읽는 일이 조금은 익숙해진 것을 알 수 있습니다. 단지 기분일까요? 그즈음에는 아이들의 눈빛이 조금은 깊어진 듯하기도 합니다.

학기 말을 앞두고 여러 가지 정리도 하고 방학 계획도 세울 때가 되었습니다. 교실은 너무 더워 우리는 자주 책을 들고 운동장 가 나무 밑에 가서 책을 읽곤 하였습니다. 그 나이라면 운동장에서 뛰노는 아이들이나 나무에서 숨 가쁘게 울어대는 매미에게 마음을 뺏겨 눈이 동그래질 만도 할 텐데, 책 읽는 아이들 주변이 참으로 고요하고 나지막합니다.

학교에서 아이들과 함께 생활해보면 방학이 참 크게 느껴집니다. 방학을 보내고 나면 훌쩍 커버리는 우리 아이들이 대견하고 고마워서, 저는 아무 한 일도 없는데 공연히 가슴이 뻐근해지곤 하였습니다.

　방학 때도 책 읽는 즐거움을 누릴 수 있도록 조금은 마음을 써야겠지요. 사서 선생님께서 따로 계시는 학교라면 학교 도서실을 늘 개방할 수 있는데, 선생님들께서 학교 업무의 하나로 도서실을 맡으시는 경우라면 부득이 방학 동안 문을 닫아야 합니다. 방학에는 선생님들께서 학교에 계시지 않으니 문을 열 수가 없지요.

　이럴 때 더욱 아쉬워지는 것이 공공 도서관이고 지역 도서관입니다. 아이들에게는 방학 때 더욱 필요한 것이 도서관인데 말이지요. 사실 학기 중에는 아이들도 바빠서 도서실에서 책을 읽으며 느긋하게 시간을 보내기가 쉽지 않습니다. 그래서 가능하면 일과 중에 아이들과 함께 도서실에 가려고 하고, 도서실에 가는 숙제를 내기도 합니다. 그렇게라도 하지 않으면 아이들은 1년 내 도서실에 몇 번 가지도 못하고 그냥 한 학년을 마치고 말더군요.

　어른과 함께 이야기하며 접촉하지 않고 자란 아이들은 제대로 말하는 법을 배울 수 없다고 합니다. 또 아이가 질문할 때 그 질문을 묵살하고 대답을 해주지 않으면 그 아이는 다시는 질문하지 않는다고도 합니다. 마찬가지로 도서관을 드나들며 자료를 찾고 책을 읽는 경험을 갖지 못한 아이들은 자신에게 주어진 문제를 적극적으로, 또 다양한 방법을 동원하여 해결하려는 의지를 키우기가 어려워지지 않을까요.

그러므로 우리는 어린 시절, 학교 도서실에서 자신이 필요로 하는 것을 골라 찾아 쓸 수 있도록 그 방법을 가르쳐야 할 것입니다. 어쩌면 이것이 학교 교육에서 가장 중요한 경험일지도 모른다고 생각합니다. 그러기 위해서는 우선 아이들이 도서실을 즐겨 찾을 수 있도록 해야 하지 않을까요? 물론 학교 도서실에서 이를 위한 다양한 프로그램을 준비하고 있다면 더 바랄 것이 없겠지만, 만약 그렇지 않다면 담임선생님의 정성어린 지도가 필요하다는 생각이 듭니다.

이제는 방학을 앞두고, 방학 동안 혼자서 책읽기를 계속할 수 있도록 준비하는 일에 초점을 맞추어야 할 때입니다. 한 학기 동안 책읽기를 열심히 해오다가도 방학이 되면 그만 리듬이 끊어집니다. 그래도 제가 일했던 학교는 방학 중에도 학부모 자원봉사자가 계시고, 선생님들께서도 돌아가며 하루씩 봉사해주셔서 방학 내내 도서실 문을 여는 고마운 곳이었습니다.

자유를 앞둔 연습

책읽기 금지령!

 가끔 하는 말,

"기사만 쓰지 않는다면 기자라는 직업은 진짜 멋진데."

그러면 저는 이렇게 대꾸하곤 하죠.

"수업만 없으면 교사도 꽤 할 만하지."

마찬가지로, 공부하라고만 하지 않는다면 우리 아이들에게 학교도 꽤 재미있는 곳이 아닐까요? 친구들도 많고, 과학실이나 특별실엔 적당히 갖고 장난해볼 도구들도 좀 있고, 무엇보다 마음껏 뛰어놀 수 있는 넓은 운동장과 마음만 먹으면 공연도 할 수 있는 강당까지 있으니까요. 게다가 1교시 국어, 2교시 수학, 3교시 사회⋯ 이렇게 아이들을 정신없게 만드는 시간표도 없을 테니까요. 거기다 내가 읽고 싶은 책을 마음껏 언제까지라도 읽을 수 있는 도서실까지 있다면 정말 멋진 곳이 학교가 아닐까요?

생각만 해도 정말 즐거운 이런 학교를 1년에 꼭 두 번씩은 아이들과 만들어보려고 했습니다. 1학기 때는 사흘간, 2학기 때는 일주일간. 무슨 일이든 연습이 필요하다고 강조하였으므로 1학기 때의 사흘은 거의 연습 수준입니다.

1학기 때는 '사흘 동안 문자로 된 것은 아무것도 보지 말기.'

2학기 때는 '일주일 동안 자신이 하고 싶은 것 마음껏 하며 지내기.'

전담 선생님들께도 오해 없으시도록 부탁드려두어야 합니다.

'그러면 뭐 하고 놀지?'

모둠만 만들고 나머지는 알아서 놀기로 하였습니다. 왜 꼭 모둠이냐고요? 저는 가능하면 모둠이 함께 하는 것을 많이 만들고, 또 아이들에게도 권장하였습니다. '혼자 열 걸음 가는 것보다 열 명이 한 걸음씩', 아이들에게 늘 강조하는 말이었습니다.

'하루 종일 운동장에서 축구하기.'

역시 늘 부족한 체육 시간에 애타하던 남학생들다운 발상이 나옵니다.

"만화책 읽어도 되나요?"

"아니!"

"왜요?"

"만화책에도 글자 있지, 아마?"

"헉!"

여학생, 남학생 하고 싶은 것도 다 다릅니다. 학교에서 하루 종일 공부하지 말고 놀라고 했을 때 '뭘 하고 놀까?' 즐거운 고민을 하는 우리 아이들의 환한 얼굴이 나팔꽃 같습니다. 그 환한 웃음을 보고 있으면 내 마음도 환해지는 것 같아, 할 수만 있다면 일주일에 한 번씩이라도 하고 싶어집니다.

물론 아침 책읽기도, 짬짬이 독서도, 집중 독서도 하지 않습니다. 학급문고 대출도 중지입니다. 도서실은 얼씬도 못하게 합니다. 일기도 쓰지 않고 숙제도 없습니다. 아니, 숙제가 있기는 합니다. '날씨가 좋으면 밖에서 친구들과 세 시간 이상 땀나게 뛰어놀기'와 같은 숙제를 내어 부모님의 허락 하에 즐겁게 숙제(?)를 하게 합니다.

한번은 하루 종일 춤만 추는 여학생 모둠을 본 적이 있습니다. 김밥을 싸와서 먹어가며, 운동장 옆 잔디밭에서 하루 종일 춤을 추고 난 아이들이 가방을 싸고 집에 가며 하는 말,

"와, 춤추는 것도 힘드네."

자유를 누리는 것도 연습이 되고 준비가 되는 것일까요? 1학기 때의 기억을 되살리며 2학기가 되니 아이들은 일주일을 정말 멋지고 알차게 보내는 것 같았습니다. 그동안 하고 싶었던 것들 다 해보겠다고 계획까지 세워서 하루하루 보내고는 아쉬워하며 또 되돌아보기도 하는 아이들. 하루 종일 책만 읽겠다고 하는 아이가 있는가 하면, 자신이 다닌 유치원을 찾아가 보기도 하고, 하루 종일 음식만 만드는 아이들도 있었습

니다. 자신이 그린 그림으로 만화책 한 권을 완성하여 친구들에게 나누어주던 녀석이 지금은 어디서 뭘 그리고 있을지 궁금해집니다.

　이웃 반에 방해만 되지 않도록 배려하고 나머지는 최대한 자유 시간을 가져보도록 하였는데, 아이들은 졸업 후에도 늘 그 시간들을 그리워하고 또 그리워하였습니다. 그러나 부모님들께는 약간의 설명이 필요합니다.

부모님께

새 학기를 맞아 여러 가지 계획을 세우고 인사를 나누던 때가 엊그제 같은데, 돌아보니 어느새 1학기가 훌쩍 가버렸습니다. 짧게도 느껴지지만 가만 돌아보니 참 많은 일들을 함께 한 시간들이었습니다. 어떤 일들이 있었을까요? 알림장을 한번 봐주시면서 우리 아이와 이야기를 나누어보면 좋겠습니다.

이제 며칠 있으면 방학을 하게 됩니다. 학교에서도 여러 가지 방학 계획을 세우고 있지만, 저는 방학을 앞두고 우리 아이들에게 새로운 경험을 하게 해보려고 합니다.

'사흘 동안 책 읽지 않기'

물론 교과서도 동화책도 만화책도 안 됩니다. 가능하면 몸을 움직여 하고 싶은 일을 마음껏 해보는 시간을 가질 것입니다. 처음에는 시간을 보내는 방법을 몰라 우두커니 있는 아이도 있지만, 차츰 시간을 자신의 계획대로 쓰는 법을 익히게 될 것입니다. 단 사흘이라도 온전히 자신이 주인이 되어 시간을 써보는 것입니다.

어찌 보면 시간 낭비라고 하실 수도 있지만 우리 아이들을 믿고 지켜볼 생각입니다. 부모님께서도 우리 아이들을 믿고 지켜보아 주시면 고맙겠습니다. 가끔은 이렇게 물어봐 주셔도 좋겠지요.

"뭘 하고 놀았니?"

"뭘 할 때가 가장 행복했니?"

"즐거웠어?"라고 말입니다.

그리고 저는 아이들이 써내는 일기장에서 신나 죽겠다는 글을 가려내어 주간 학급신문을 만들어 나누어주었습니다.

나의 하루

오늘 정말 황홀하고 신이 나고 재미있는 하루였다. 왜냐면 선생님께서

선포하시길

"오늘 하루는 자유가 되겠습니다."

아이들이 그 소리를 듣자마자

"와! 나이스!"

환호 소리가 여기서 펑, 저기서 펑, 난리가 났다.

그런 다음 우린 제일 먼저 하고 싶은 축구를 하였다. 그러나 축구도

너무 많이 하니 지쳐서 누워서 하늘도 보았다.

하, 얼마나 편하던지… 날아가는 기분이었다.

캬, 좋다.

자유 시간

자유 시간!

어제부터 자유 시간이 시작되었다. 선생님께서 일기장에 자유는 누가

준다고 해서 자유로운 것이 아니라고 하셨지만 우리들에게는, 아니

아이들에게는 하고 싶은 대로 자유롭게 뛰어놀고 하는 것이 자유 시간인 줄

알고 있는 것 같다. 나도 그 점에 대해서 많이 생각해보았다.

'자유'란 자기가 남에게 피해를 주지 않고 하고 싶은 일을 하는 것이다.

편안한 마음으로 가만히 앉아 있어도 자유롭지만, 감옥에 갇혀 있어도

자유로운 사람이 있다고 한다. 그런 걸 보면 자유는 마음먹기에 따른 것인가

보다. 편안한 마음으로 할 일이 없으면 내게는 자유로운 것이다.

오늘도 어제처럼 책을 읽다가 5교시 시작할 때 현지와 정현이, 보름이와 함께

농구대(우리에겐 공룡차) 밑에 돗자리를 깔고 놀았다. 과자도 가지고 와서

과자 파티도 하였다.

돗자리에 누워서 푸른 하늘을 보니 하얀 뭉게구름 한 조각이 둥실 떠 있었다.

마음이 시원해졌다.

이야기도 나누고….

친구들과 이런 시간을 갖는 것도 얼마 남지 않았다. 나에게 주어진

자유 시간– 매일매일 순간순간을 알차게 보내겠다.

선생님, 저는 선생님으로 인해 많은 것을 느꼈습니다. 또 많은 것을 스스로

깨닫게 해주시고 많은 생각을 하게 해주신 것두요.

선생님, 자유롭게 학교생활을 하는 제 느낌을 말로 표현할 수가 없습니다.

감사합니다. (따뜻한 사랑)

사랑합니다.

　맘껏 놀면서 그렇게 몸도 마음도 쑥쑥 커가는 아이들을 보면서, 내 마음속에도 저렇게 커가는 게 있나 돌아보곤 하였습니다.

내 짝이 **가장** 멋있을 때

글로 그림 그리기

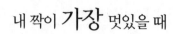

어떻게 하면 아이들이 배우기를 강요받는다는 느낌이 들지 않고 즐겁게 배우게 될까? 우리 아이들 입에서 "아~하!" 하고 바보 도 통하는 소리가 시도 때도 없이 절로 흘러나오게 하려면 어떻게 해야 할까? 학교 생활을 하는 동안 늘 제 마음을 두드리던 생각이었습니다.

책읽기도 마찬가지. 강요받는다는 느낌 없이 "책 읽는 것은 재미있어!" 란 말이 아이들 입에서 자연스레 나오도록 해주고 싶었습니다.

"내 짝이 가장 예쁘게 보일 때가 언제일까?"

언제나 남녀로 짝을 맺었던 우리 반에서는 "우~" 그럽니다.

"좋아, 바꾸자. '내 짝이 가장 멋있을 때'로."

"우우우~"

아이들은 두 손을 모아 입에 대고 일부러 더 크게 소리칩니다. 싫지는 않다는 표시이므로 계속 진행합니다.

여러 가지 장난스런 이야기들이 나오고 아이들이 배꼽을 잡는 가운데, 보배가 한 말이 가장 멋진 말로 모두의 박수를 받았습니다. 사실 제가 분위기를 좀 만들어간 영향도 있겠지만.

"지난번에요. 내 짝이, 내가 옆에 오는 것도 모르고 책 읽고 있었을 때가 참 멋있어 보였어요."

"그럼 지금부터 20분 동안 짝이 책 읽는 모습을 글로 그려보겠습니다."

"글로 그리다니요, 그림으로 그릴까요?"

"자세히, 그림으로 그리듯이 글로 써보기!"

서로에 대해 가장 자세히, 가장 길게 써내는 짝은 둘 다 토요잔치 초대권을 받는 것으로 하고 "시작!" 하였습니다. 처음 모델이 된 짝은 아주 거룩하게 폼을 잡고 책을 읽기 시작하였습니다. 하지만 해보면 알지요. 한참 읽다 보면 자기도 모르는 사이 손이 올라가 턱을 괴거나, 두 팔을 책상에 포개놓고 손등 위에 턱을 갖다 대기도 하고, 손가락으로 입술을 만지작거리거나 한 손으로 머리를 받치고 있기도 하고, 눈은 책에 못 박아둔 채로 엉덩이만 뒤로 뺐다가는 조금 있으면 두 무릎을 의자에 올려 엎드린 건지 않은 건지 구분이 안 되게 된다는 것을.

머리카락 한 올 내려오는 것도 살려 쓰고, 숨 쉬고 눈을 깜박이는 횟

수까지 헤아리며 쓰는 아이들, 그리고 옆에서 짝이 그리고 있다는 사실
도 잊어버리고 책에 몰두하는 아이들을 보는 일은 세상 그 무엇보다 즐
거운 일입니다. 친구의 모습을 글로 그리느라 담임선생님이 자신을 보
며 웃고 있다는 사실도 알아채지 못하는 아이들은 얼마나 사랑스러운
지요!

　방학 전에 이 일을 하는 이유는, 이렇게 한번 해봄으로써 방학 때 가
족 독서를 쉽고 즐겁게 해낼 수 있도록 하기 위함입니다.

　자, 이제 여름방학입니다.

　방학이 되면 아이들은 이제 혼자서 책읽기를 해나가야 합니다. 그래
서 방학 숙제를 낼 때 저는 가능하면 방학 중 독서 계획만 세워 내게 하
고 나머지는 자유롭게 숙제를 정하도록 하였습니다. 자신이 하고 싶은
공부를 스스로 정해서 하고, 개학하면 '나의 방학생활 보고서' 한 편을
제출하는 것으로 방학 숙제를 다 하게 해주었습니다.

　흔히 학교에서는 숙제를 항목별로 따로 내고 또 검사하여 개학하면
전시회도 열곤 하는데, 저는 그런 숙제를 다 못해도 좋으니 이 보고서만
은 꼭 써보도록 하였습니다. 예상하고 계획했던 대로 방학생활을 보내
지 못한 사람도 자신이 보낸 방학생활을 보고서 형태로 써내면 숙제를
훌륭하게 한 것으로 인정해주었습니다.

　만약 저학년일 때는 보고서 쓰는 요령을 자세히 설명한 안내장을 학

부모님께 보내드려야 하지만, 저학년들은 보통 학교에서 내준 숙제를 골고루 해오므로 아직 적용해본 적은 없습니다. 그러나 고학년들은 간단한 안내와 자세한 설명, 작년 언니 오빠들이 쓴 보고서를 한 번쯤 돌려 보는 정도만 해도 아이들 혼자 너끈히 해낼 수 있었습니다.

스스로 부족하다고 생각하는 부분을 보충하는 공부를 할 수도 있고, 평소 하고 싶었던 공부를 할 수도 있습니다. 여행을 할 수도 있고, 체험 학습도 좋습니다. 실컷 놀았다면 어떻게 놀았는지 써오면 된다고 하지요. 그러나 계획 없이는 조금 곤란합니다. 충분한 안내와 함께 꼼꼼히 계획을 세우도록 해야 합니다. 방학을 마치고 나면 친구들에게 자신의 방학생활을 말로 설명하고, 반드시 계획했던 것에 견주어 스스로 평가하는 시간을 가지도록 하였습니다.

20년 이상 학교에 있으면서 해마다 '방학 숙제를 어떻게 내면 좋을까?' 하다가 아이들의 반응과 효과를 견주어보았을 때 제게는 이 방법이 가장 좋은 답이라고 생각되었습니다.

친구야, 잘 지내니?

친구와 나누는 책 이야기

지금부터 소개하는 것은 여름방학 때 할 수 있는 독서 관련 숙제들입니다. 가능하면 재미있게 할 수 있도록 고려하였는데, 아이들에게는 이중에서 골라서 해도 좋고, 다 해도 좋다고 해두었습니다.

그중 한 가지가 '친구야, 잘 지내니?'였습니다.

방학 중 하루는 친구 한 사람을 골라 그 친구의 집을 방문합니다. 방학 계획을 세울 때 학교에서 미리 대상과 날짜, 시간을 정하고 연락처를 알아두도록 합니다. 그리고 친구 집에 가기 전에 미리, 친구에게 물어보고 싶은 것을 기록해 가도록 하였습니다. 주제는 '친구와 나누는 책 이야기'가 될 것이므로, 여러 가지 질문거리를 준비하는 시간을 가지도록 해보았습니다.

내 친구의 집은 어디인가? / 요즘 읽고 있는 책은 무엇인가? / 어떤 책을 좋아하나? / 만화책도 좋아하는가? / 방학 중에 읽은 책의 제목은? / 하루 중 언제 주로 책을 읽나? / 책 읽을 때 하는 특별한 버릇은 어떤 것이 있나? / 어디서 주로 책을 읽는가? / 하루에 얼마만큼 책을 읽나? / 읽고 싶은 책은 어떤 종류인가? / 좋아하는 작가는 있는가? / 책장을 넘길 때 어떻게 넘기나? / 어떤 자세로 책 읽는 것을 좋아하는가? / 기억에 남는 책이 있나? / '책!' 하면 생각나는 말은? / 나에게 권하고 싶은 책은? / 우리 선생님께 권하고 싶은 책은? / 부모님께 권하고 싶은 책은? / 친구의 서가에 꽂힌 책은 몇 권이나 될까? / 화장실에서는 주로 어떤 책을 읽는가? / 엄마 몰래 읽는 책도 있나? / 도서관에는 일주일에 몇 번 가는가? / 자주 가는 서점은 어디인가? / 같이 책 읽을까? / 책 읽기 싫을 때는 언제? / 제일 웃기는 책은 어떤 책이었나? / 잠 안 올 때 읽는 책은? / 무인도에 책 한 권만 가져가야 한다면 어떤 책을 가져갈 건가? / 책 읽고 울었던 적이 있나? / 만나보고 싶은 작가는? / 만약에 책을 쓴다면 어떤 책을 쓰고 싶은가?

아이들의 질문은 끝이 없어서, 그대로 두면 질문 만드는 데만 몇 시간이 걸릴 지경이었습니다. 이야기를 나누며 우리는 서로에게 참으로 관심이 많았음을 알고, 놀라기도 하고 기쁘기도 하였습니다. 누가 요즘 아이들이 이기적이고 메마른 아이들이라고 하였을까요?

그러나 무엇보다 나를 깜짝 놀라게 한 것은 그날 주민이가 쓴 일기였습니다. 주민이는 일부러 우리 반에서 자기와 가장 많이 다툰 친구 집에 가기로 하였다는 것이었습니다. 친구를 미워하고 잘 다투는 자신은 마음의 힘이 약해서 그러니, 마음의 힘을 기르기 위해서라고 써두었습니다. 잘 싸우고, 걸핏하면 울고, 조그만 일에도 짜증을 내어서 얼굴이 편안해 보이는 날이 드문 주민이는 친구들을 싫어하는 만큼 친구들의 사랑도 잘 받아들이지 못하는 아이였습니다. 그러나 정말 놀라운 것은, 주민이와 잘 다투던 친구 미연이도 흔쾌히 그 계획에 응했다는 것이었습니다. "야, 잘해보자." 그랬다는 것이었습니다. 그 글을 보고 저는 누가 뭐래도 참 멋진 아이들이라고 생각하였습니다.

학년 시작부터 제가 우리 반 아이들에게 자주 하는 말이 "잘 모르겠습니다."라고 말하는 사람이 되면 좋겠다 하는 것이었습니다. 제 딴엔 열심히 수업을 했다고 은근히 만족해 한 날도, 아이들은 다 알고 있는 것 같지만 잘 알지 못하고 이해하지 못하면서도 수줍고 두려워서 그냥 아는 체하고 넘어가는 것이 우리 아이들이라는 것을, 교사가 되고서도 한참 지난 후에야 알게 되었습니다. 지금 생각하면 모골이 송연해지고 얼굴이 뜨거워지는 일이었습니다.

그래서 우리 교실은 '모르는 것을 모른다고 말할 수 있는 교실'이 되어야 한다고 생각했습니다. 거기서부터 비로소 가르치고 배우는 것이 시작되는 것 아닐까요? 모르는 것을 모른다고 말할 수 없는 교실이라면 어떤 아이라도 잘 배울 수 없을 것이라고 생각하였습니다. 모든 것을 다 잘 배우고, 다 아는 아이는 세상에 없을 테니까요. 그래서 "내 마음은 힘이 약하다."라고 말할 수 있는 주민이가 정말 고맙고 대견하였습니다.

서점 기행

서점에서 30분 동안 놀고 책 한 권 사보기

이 숙제를 내려면 동네 서점 주인의 인품을 어느 정도는 알아야 할 것 같습니다. 요즘 동네 서점은 심리적으로 아주 팍팍해져 있기 때문에 조심해야 될 정도지요. 또 거의 학습 참고서 중심으로만 책을 갖추어놓기 때문에 구경할 책이 많지 않은 점도 조금은 걱정스럽습니다. 저는 이사를 가면 제일 먼저 서점이 얼마나 가까이 있나, 그리고 꽃집은 어디 있나 하는 것부터 보았는데, 요즘 서점을 보면 안타까운 마음만 들곤 합니다. 저부터도 인터넷 서점에 책을 주문하곤 하니까요.

그래도 아이들에게는 PC방 옆에 서점이 있다는 사실을 알려주기 위해서라도 가끔 이런 숙제를 내보는 것도 좋겠다는 생각이 듭니다.

'서점에서 30분 동안 놀고 책 한 권 사보기'

이 숙제를 낼 때는 부모님과 사전에 의논이 되어 있어야 할 것 같습니다. 가능하면 아이에게 선물을 줄 때 도서상품권으로 주시라는 부탁도 미리 드려두어야겠지요. 그리고 아이들에게는 책을 사면 반드시 자신의 이름을 쓰고 사인도 해두고, 어디서 샀는지, 언제 샀는지, 느낌이 어땠는지 간단한 기록을 남겨두게 하였습니다. 그리고 이 책이 2학기부터 꾸미게 될 '나팔꽃 희연이의 서가'에 간직될 책 목록 1번이 되도록 안내해줍니다.

가족 독서

엄마 아빠와 함께 나누는 책 이야기

방학 때 해보기를 권하는 것 중 하나는 가족끼리 일주일에 한 번이라도 시간을 정해놓고 모여 앉아 책 읽는 기회를 갖는 것이었습니다. 처음에는 '30분 정도'라고 하였습니다. 이때 아이가 할 일은 책 읽고 있는 우리 가족의 모습을 자세히 글로 써오는 것입니다.

날짜와 시간을 정확하게 기록하고 장소와 분위기를 자세히 묘사하는 것도 중요함을 미리 안내해주면 좋겠습니다. 그리고 아버지는 어떤 모습으로 어떤 책을 읽으시며, 어머니는 또 어떤 책을 읽으시는지, 참가한 가족의 모습을 아주 자세히 써오는 것입니다. 책 읽고 난 뒤에는 어떤 이야기를 나누었는지도 자세히 써보게 하였습니다. 물론 질문할 거리도 미리 만들어보게 하였지요.

- 아버지께서 읽으시는 책에 대하여(제목, 크기, 장정, 지은이, 출판사 등)
- 어머니께서 읽으시는 책에 대하여
- 책을 고른 까닭
- 부모님의 학급문고에 대한 기억은?
- 우리 부모님께서 내게 권하시는 책은?
- 내가 우리 동생에게(또는 형이나 언니에게) 권하고 싶은 책은?
- 책에 대한 잊을 수 없는 기억이 있는지?
- 오늘 읽은 책에서 밑줄 긋고 싶은 부분은?
- 함께 책읽기를 하고 나니 기분이 어떠신지?
- 이런 일을 정기적으로 할 생각이 있으신지?

　기록자의 역할을 가족이 돌아가며 한 번씩 할 수 있을 만큼 자주 하면 좋겠지요. 강요는 아니었지만 온 가족이 한 자리에 둘러앉아 책 읽는 모습을 그려보는 것은 참 즐거운 기억이었습니다. 사실 이 숙제는 제가 예상했던 것보다 많은 아이들이 참여하여 재미있었다고 하였는데, 나중에 부모님들께 고맙다는 인사를 더 많이 받은 것 중 하나였습니다.

　이런 과제를 낼 때는 특히 부모님들께 사전에 알려드리고 협조를 구해야겠습니다. 어떤 뜻으로 왜 하는지 아시게 되면 아주 적극적으로 도와주시는 부모님들이지만, 그렇지 않으면 아이들에게도 부모님께도 참 골치 아픈 숙제인 데다 아이들은 대강 해치우는 요령만 익히게 될 수도 있겠지요. 쪽지 알림장도 좋고 학교 홈페이지를 통한 알림도 좋겠습니다. 조금 마음을 내어 부모님께 자세히 안내해드리면 어떨까요?

부모님께

흔히들 독서교육의 절반은 가정에서 이루어진다고 합니다. 책 읽는 부모님 곁에서 함께 책을 읽은 아이들은 학교에서 따로 독서 지도를 할 필요가 없을 정도이지요. 그러나 살아보면 또 그것이 그리 만만한 일은 아닙니다. 쉽지는 않겠지만 이번 방학 동안에 우리 가족이 한 자리에 모여 독서하는 시간을 한번 가져보시기를 권합니다.

진행과 기록은 우리 아이가 학교에서 배워 익힌 대로 할 것입니다. 먼저 아이의 설명을 잘 들으시고 협조해주시면 우리 아이와 가족 모두에게 좋은 경험이 될 것이라 여겨집니다. 함께하는 그 시간이 웃음꽃이 활짝 피는 시간이 되기를 상상하며 잘 부탁드립니다. 아울러 한 학기 동안 열심히 책읽기를 해준 우리 친구들에게도 진심으로 고개 숙여 고마운 마음 전합니다.

예쁜 우리 O반 그리고 부모님, 방학 잘 보내시기 바랍니다. 그동안 학교에 보내주신 마음의 힘 오래 잊지 않겠습니다.

요즘 아이들은 **무슨 생각을** 할까?

내 마음을 울리는 한마디 말

학년을 시작하면서 1년 동안 아이들이 사용하게 될 책갈피를 직접 만들 때, 자신에게 가장 소중하고 힘이 되는 말 하나를 찾아오게 하였습니다. 그 단순한 일을, 많은 아이들이 별로 생각해보지 않았다고 하면서 참으로 어려워하는 것이었습니다. 그러나 각자의 보물상자를 쓰면서 그것은 그리 어려운 일이 아니라는 것을 아이들은 스스로 알게 되었습니다.

그래서 가끔씩은 '요즘 내 마음을 울리는 한마디 말' 시간을 가져보았습니다. 시간이 충분할 때는 어느 책에서 읽은 말인지, 왜 마음에 와 닿았는지도 발표해보게 하였습니다. 이런 일들을 아이들과 해보면 저는 늘 깜짝깜짝 놀라게 됩니다. 늘 말이 없고 소극적인 아이들이 한 번씩 내놓는 말들이 내 마음을 온통 흔들어놓기 때문이지요.

　방학 때도 이 일은 꼭 하도록 부탁하였습니다. 바로 보물상자를 채우는 일이지요. 책을 읽으며 밑줄 그은 부분을 꼭 기록해두게 하는 것. 그러다 보니 "보물상자만 보아도 그 책이 읽고 싶어져요."라고 하는 아이들도 생기는 것을 보았습니다.

　언젠가 제가 일하던 학교에서 6학년 여학생 세 명이 학교에 가방을 둔 채 오후 시간에 없어졌는데, 저녁까지 아이들의 행방을 몰라 부모님들까지 학교에 모여 걱정을 한 일이 있었습니다. 그때 한 어머니의 말씀이 오래오래 제 마음에 남아 있었습니다.

　"무슨 생각을 하는지 통 알 수가 있어야지요."

　아이들이 어디로 갔을지 실마리를 찾기 위해, 그 아이들이 요즘 어떤 일에 관심을 보이고 걱정거리가 무엇이었는지 묻는 질문에 대한 한 어머니의 대답이었습니다. 옆에서 가슴이 뜨끔했던 저는 그 질문을 제 자신에게도 자주 하곤 하였습니다.

　'우리 아이들이 요즘 어떤 생각을 하고 있는지 나는 알고 있나?'

　'요즘 내 마음을 울리는 한마디 말' 시간을 통해 우리 아이들이 요즘 어떤 일에 마음을 두고 있는지, 어떤 일에 관심을 보이고 있는지도 조금은 알 수 있어서, 저는 이 일을 정기적으로 해야겠다고, 마음만은 그렇게 먹곤 하였습니다.

도서관에서 놀자!

일주일에 한 번 이상 도서관에 다녀오기

아이들을 보며 가장 마음이 아픈 것이 방학생활인 것 같습니다. 학기 중에는 학원도 다니고 특기 적성도 하도록 하지만 방학 때만큼은 온전히 새로운 계획과 생활을 할 수 있도록 해주고 싶은데, 아마 부모님 마음은 그렇지 않은가 봅니다.

그러나 저는 지금도 부모님들께서 가끔 제게 물어오시면 "눈 딱 감고 도서관에만 보내세요."라고 말씀드리곤 합니다. 학교 도서실이든 동네 도서관이든 날마다 갈 수 있는 아이라면 어떤 공부라도 혼자 할 수 있게 됩니다. 그래도 불안하신지 "영어, 수학은 어떻게 하지요?" 라고 하십니다. 그 심정이 이해가 되지 않는 것은 아니지만, 사실 독서 습관과 독서 능력의 향상 없이는 다른 과목 공부도 힘들지요.

저는 아이들에게 꼭 강조해두었습니다. 방학 중에는 '일주일에 한 번 이상 도서관에 다녀오기.' 게다가 아이들마다 방학 중에 꼭 읽어야 할 책을 적어도 세 권 이상 권해주었습니다. 사회 과목이 좀 부족한 친구에게는 역사책이나 지리책, 경제 관련 책을 권해주고, 독서 습관이 확실하지 않은 친구에게는 전래동화나 창작동화를, 그리고 수학을 어려워하는 친구에게는 요즘 많이 나오는 재미있는 이야기로 된 수학책도 권했는데 충분히 읽을거리가 되는 것 같습니다.

학부모님들께도 가능하면 방학 중에는 도서관에 함께 다녀오시라고 권해드렸습니다. 아니면 어머니들께서 돌아가며 아이들을 데리고 학교 도서실에 가시는 것도 좋은 방법인 듯하여 소개해드렸습니다. 방학 중에 우리 학교 도서실에 나오시는 자원봉사자 중에는 이웃집 아이들까지 데리고 나오시는 어머니가 계셨는데, 그 모습이 하도 아름다워 우리 학교 도서실의 자랑이기도 하였습니다.

부모님들이나 선생님께서는 '스스로 하는 아이'를 늘 강조하시는 것 같습니다. 하지만 초등학교 아이들은 아직 스스로 하지 못하는 것이 정상이라고 생각합니다. 먼저 부모님과 선생님과 함께 꾸준히, 견디며 하는 것을 익히고 난 후에라야 스스로 하게 되는 것임을 어른들이 알아주시면 좋겠다는 생각이 듭니다.

학교에서는 방학 중에 도서실에 나오는 우리 아이들을 위해 사탕도 준비해두고 독서기록장도 마련해두어, 열심히 나온 아이들에게는 방학

후 따로 상을 주기도 하는 것을 보았습니다. 학교와 학급 그리고 학부모
님께서 마음을 모은다면 우리 아이들은 즐겁게 책 읽고 마음껏 생각하
는 힘을 기를 수 있는 시간을 가질 수도 있는 방학입니다. 그런데 무엇
이 우리를 힘들게 하는 것일까요?

행복 저금통

'나의 서가' 만들기

요즘은 주로 봄에 하는 것 같은데 각 학교에서는 '도서 바자회'를 1년에 한두 번 합니다. 이 행사는 좋은 책을 한 곳에 모아 아이들과 학부모님들께 알리고, 비교적 값싸게 좋은 책을 살 수 있다는 점에서 누구나 부담 없이 접근할 수 있는 것 같습니다.

저는 아이들과 함께 도서 바자회를 구경하면서 아이들이 좋아하는 책을 추천받아 사서 학급문고에 넣어두었습니다. 아이들도 책을 사고, 부모님들도 오셔서 책을 사십니다.

저는 부모님들께 학기 초에 부탁을 드려두었습니다. 올 한 해 동안 저금통을 하나 만들어서 아이들이 예쁜 짓 할 때마다 돈을 100원이나 200원씩 주시라고요. 그리고 일주일에 한두 번 숙제를 낼 때 '착한 일 한 가지 하기'나 '양말 빨기', '실내화 내 손으로 빨기' 같은 숙제를 내어서 저금통에 돈이 모이도록 해주었습니다. 한 학기 동안 모으면 제법 모일 수 있도록 1학기에 자주 이런 체험 숙제를 내었습니다.

어느 정도 돈이 모이면 책을 사서 '나의 서가'를 만드는 기초 작업을 해보게 하려고 하였습니다. 도서관이나 학급문고에서 책을 빌려 읽고 난 뒤, 언젠가 다시 또 보고 싶어질 것 같은 책은 직접 사서 '나의 서가'를 만들어보자 하였습니다. 이때 책을 사는 기준을 아이들과 함께 찾아보았습니다.

- 책을 읽다가 밑줄 긋고 싶은 곳이 열 군데 이상 생기는 책
- 정말 친한 내 친구에게 선물하고 싶은 책
- 제목만 보아도 즐거운 기분이 들 것 같은 책
- '이 책을 지은 이의 다른 책도 보고 싶다'는 생각이 드는 책
- 먼 훗날 내 아이에게 읽어주고 싶은 책

이렇게 정해두었습니다. 이제 방학이 되었으니 저금통을 열어 서점에 가야겠지요. 한 권이든 두 권이든 마음에 드는 책을 골라 사는 것입니다. 오래 살펴보고 견주어보며 고르고 골라 내 손으로 직접 산 책, 언제 어디서 어떤 마음으로 샀는지 써두고 표지도 입혀서 내 서가를 만드는 일.

2000. 10. 12. 가을 날씨다운 날

《태양의 아이》

요즘 내가 한창 재미있게 읽고 있는 책이 있다. 바로 '태양의 아이'란

제목의 책이다.

처음에 읽기 시작했을 때에는 내용이 헷갈려서 별로 재미가 없었는데 지금은

정말 재미있게 읽고 있다. 아마 내일이나 모레쯤엔 다 읽을 수 있을 것이다.

이 책의 주인공인 '후쨩'을 비롯한 오키나와정의 사람들은 정말 아름다운 거

같다. 후쨩은 초등학교 6학년인데 나이에 어울리지 않을 만큼 생각이 깊고

용감한 것 같다.

남을 위해서 따뜻한 눈물을 흘릴 줄 알고 같이 슬퍼해주는 것, 그것이 정말

감명 깊었다. 어린 나이에 이같이 여러 가지를 경험해보는 것도 신기했다.

정말 이 책은 가슴이 따뜻해지는 소설이다. 지금은 이 책을 구입하고 싶다는

생각이 든다. 기회가 된다면 이 책을 사서 내가 보관해두고 싶다. 아름다운

이야기이기에. 이 이야기를 어른이 되어서도 기억하고 싶기 때문이다.

이 책을 읽으면서 울고 싶었던 적이 많았다. 가슴 찡하게 하는 그런 소설이다.

어렵지만 끝까지 읽으면 가슴속에 뭔가 찡하는 감동을 줄 수 있으리라

생각한다.

선생님, 서점에 아직 《태양의 아이》 팔까요? 구입하고 싶답니다.

정말 재미있어요.

저는 우리 아이들이 저와 함께하는 이 1년 동안 자신이 좋아하고 아끼는 소중한 책만을 모아 자신만의 서가를 하나 갖게 되기를 간절히 희망하였습니다. 그것은 제가 우리 반 학급문고를 아이들에게서 모으지 않고, 온갖 사연으로 가득한 제 책들로 만든 이유이기도 하였고요.

아이들이 오랜 시간에 걸쳐 선택한 책들로 이루어진 자신의 서가를 여러 번 정리하고 또 정리하면서, 책에 마음을 쏟고 정성을 다해 손때를 묻히는 그 뿌듯한 기분을, 그 잔잔한 행복을 느끼며 커가게 해주고 싶었습니다.

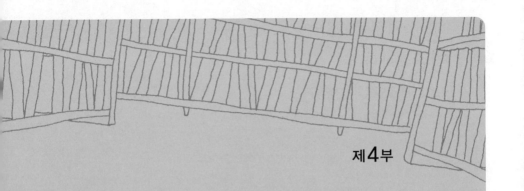

제**4**부

가을

깊어가는 책 읽기

영혼과의 만남

사람의 마음을 움직이는 책읽기

한가로운 여름날, 종제인 공권이 시집 한 권을 맡기면서 "이것은 강릉 사는 최 군의 작품인데 품평해주십시오." 한다. 내가 남의 시집을 열람한 것이 백여 권을 헤아린다. 헐뜯을 것인가? 사람들이 싫어할 것이다. 그러면 칭찬할 것인가? 그것은 내가 싫다. 그러니 이놈의 물건을 만나면 벌써 쭈글쭈글 주름이 잡히며 눈썹이 곤두선다. 결국 미적거리며 책을 가져다 옆눈으로 힐끗 보았다. 몇 편을 읽어나가자니 눈썹이 펴지고 눈이 크게 떠지며 나도 모르게 목구멍에서 침 넘어가는 소리가 나고 손가락이 꿈틀거린다. 그러고는 〈능운부(凌雲賦)〉를 읽으며 사마상여(司馬相如)의 사람됨을 상상하는 것같이 즐거워진다.

그래 급히 그가 머물고 있는 곳을 물어 직접 말을 몰고 그를 보러 갔다. 최

군은 마침 여러 선비들과 함께 있었다. 모인 이들은 모두 우아하고 수려했는데, 어떤 한 사람만이 망가진 갓에 떨어진 베옷을 입고 있어 초라한 모습이었다. 물어보니, 과연 최 군이었다. 그와 교제를 맺고 돌아와 그 책에 이렇게 써서 돌려보낸다.

다산 정약용 선생님의 산문집을 읽다가 제 보물상자에 옮겨둔 글입니다. 이 글은 꺼내 읽을 때마다 마음이 훈훈해지는 듯해 자주 읽습니다. 어떤 글을 써서 최 군에게 돌려보냈는지, 그 후로 최 군과의 만남이 어떻게 이어졌는지 다른 글이 없어 알 수는 없었지만 짐작해보는 것만으로도 충분히 즐겁습니다. 책을 통해 두 영혼이 아름답게 만나는 느낌.

사람들은 책을 통해 간접 경험을 한다고 하는데 저는 때로 그 이상의 것을 하는 게 아닐까 생각하기도 합니다. 한번은 덴마크의 자유학교를 공부하는 모임에서 제가 즐겨 읽었던 책의 저자를 만났습니다. 저는 그분을 처음 만났는데도 금방 알아볼 수 있었고, 또 이야기까지 나눌 수 있었습니다. 마치 오래전부터 서로를 잘 알고 있었던 것처럼 말이지요. 좋은 책은 어쩌면 직접 사람의 마음을 움직이는 것이 아닐까요?

책을 읽다 보면 그 속에서 다음 책을 알게 되고, 그러면 어느새 스스로 찾아서 연결시켜가는 방법을 터득하게 되고 또 책을 보는 눈이 길러진다는 것도 우리는 알게 됩니다. 굳이 좋은 책의 목록을 따로 구할 필요가 있을까 싶을 정도로.

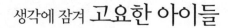

생각에 잠겨 고요한 아이들

연필 대화 나누기

가을이 깊어가고, 하늘은 말없이 높아만 갑니다. 어떤 일을 새로이 계획하고 시작하기보다 그동안 해오던 일을 다독이고 갈무리하기 좋은 때, 아이들과 해보는 일 중 한 가지는 '연필로 이야기 나누기'입니다. 마음속에 있는 이야기를 나누고 싶은 친구나 한 반에 있지만 자주 이야기 나누지 못했던 한 사람을 정해 책상에 짝하여 나란히 앉아, 하얀 종이에 연필로 써가며 나누는 이야기….

 이 일은 한 반에 있는 친구가 한 사람도 짝 없이 소외되지 않도록 배려해줄 수 있을 만큼 서로의 마음이 열렸을 때 해야 할 것 같습니다. 아이들 중에는 선뜻 짝하여 이야기 나누려고 하지 않는 아이도 있게 마련이지요. 그럴 때 우리 반에는 친구들이 소매를 잡아끌어도 "잠깐만!"

하며 가만히 있다가 맨 마지막에 혼자 남는 아이 곁에 슬며시 가주는 멋진 남학생 현우가 있었습니다.

학급에 아이들이 홀수여서 끝에 한 사람이 남으면 사실은 가장 좋습니다. 그 사람은 '선생님과 짝하는 것'이라고 해두면 서로 남으려고 하니까요. 그래도 말없이 친구를 배려하는 그 녀석들의 뒷모습을 보며 저는 눈이 시려 늘 창밖을 보아야 했습니다.

주제를 굳이 정하지 않아도 좋지만 처음엔 정해주는 것도 좋습니다. 시간을 정해두고 나누는 이야기라 시간을 아끼는 방법도 되고, 아이들의 생각을 한 곳으로 모아주는 의미도 되어서 좋지요. 학년 말이 되어 가끔은 주제 없이 자유롭게 이야기 나누기를 하기도 하였는데, 저는 우선 교실이 조용해서 좋았습니다. 아이들도 가끔은 조용한 교실에서 말없이 의사소통하는 경험을 해보는 것도 멋진 일이라고 해주었습니다.

처음에는 머리를 맞대고 킥킥거리기도 하지만 이내 조용해지고, 아이들의 얼굴은 잔잔해집니다. 활짝 웃는 아이들 얼굴도 아름답지만, 생각에 잠겨 고요한 아이들의 표정도 참 예쁩니다. 교실에서 아이들과 함께 살아보면, 매순간 다른 모습을 보여주는 아이들을 그저 가만히 바라보기만 해도 가슴 가득 기쁨이 차오를 때가 있습니다. 그럴 때면 저는 그럽니다.

"얘들아, 고마워."

"뭐가요?"

"아니, 그냥."

'부모님과 연필로 이야기 나누기'라는 숙제를 한번 내보시면 어떨까요? 처음에 의도한 것은 아니었지만 숙제를 하고 난 부모님들의 반응 중에는 '말하지 못하는 나'를 체험해보는 경험이었다고, '말로는 전할 수 없는 말'을 나누어본 정말 멋진 경험이었다고 감동적인 알림장 편지를 보내주시기도 하셨습니다.

시와 가을

모둠별 시 낭송회

시를 읽기에 특별히 좋은 때가 있는 것은 아니겠지요. 하지만 어쩐지 가을은 시가 어울리는 것 같습니다. 우리 반에서는 특히 1년 동안 꾸준히 시를 읽고 노래하며 시와 놀았기 때문에, 아이들이 시에 대한 낯가림이나 어색함은 별로 없는 편이었습니다. 물론 "시를 한번 지어보겠어요." 하면 "으악!" 하며, 직접 짓는 것은 어려워하는 아이들입니다. 하지만 6학년 아이들이 '시' 하면 '으악' 하지 않게 하는 방법은 정말 없는 것일까요?

시를 짓는 공부는 1학년 때부터 해야 하는 것인데 참 안타깝다는 생각이 듭니다. 너무 많은 공부를 하느라 1년 동안 시를 공부할 수 있는 시간이 턱없이 부족한 우리 어린 시인들. '아이들은 모두 시인이다'라고 했던 어떤 선생님의 말씀은 정말 옳습니다. 어떻게 우리 교육 과정 좀 바꿀 수 없을까요?

10월 즈음에 아이들과 그동안 배운 시나 자신이 좋아하는 시 중에서 한 편을 골라 시 낭송을 해보는 시간을 가져보면 좋겠습니다. 시 낭송회야 많이들 하는 행사이니 긴 설명이 필요하지는 않은 것 같습니다. 다만 우리 반에서 시 낭송회를 준비하며 가졌던 몇 가지 약속만 소개할까 합니다.

먼저 우리 반 시 낭송회에는 혼자 참가하면 안 된다는 약속이 있었습니다. 적어도 세 사람 이상이 한 팀으로 참가하여야 합니다. 이 약속에는 세 가지 뜻이 있습니다. 혼자 참가할 용기를 내지 못하는 아이들도 참가하도록 하기 위한 것이고, 흔히 혼자 하는 것으로 생각하는 시 낭송에 대한 고정관념을 깨기 위한 것이며, 여럿이 함께 학습 활동하는 기회를 늘려보자는 것이었습니다.

두 번째 약속은, 시는 자작시가 아니어도 되지만 다른 팀과 같은 시를 선택하게 되면 두 팀 다 참가할 수 없게 된다는 약속이었습니다. 예선을 거쳐서 발표회를 하기로 하였으므로 미리 알 수 있겠지요. 그리고 시 낭송하는 방법을 가능하면 다양하게 해보자고 약속하기도 하였습니다. 끝으로 학급의 모두가 참가한다는 약속이었습니다.

예선을 하는 날에 보니 아이들끼리 서로 미리 맞추었는지, 어느 팀도 같은 시를 고른 팀이 없었습니다. 연습도 한 모양인지 준비물도 챙기는 눈치였습니다. 행사를 진행해보면 '아이들은 참 쉽게 몰입할 줄 아는구나' 하는 느낌이 들곤 합니다. 주제를 정하고 방향을 잡으면 아이들은 거침없이, 거의 몰입의 경지로 들어가며 분위기는 한껏 고조됩니다.

낭송회를 하는 날에는 무대 배경으로 큰 그림을 그려 칠판에 붙이고 시작하는 팀, 옷을 색깔별로 맞추어 입는 팀, 낭송하는 순서와 방법을 재미있고 특이하게 만든 팀, 배경음악으로 국악이나 서양 음악을 오디오로 틀거나 리코더, 바이올린, 장구, 첼로 등 악기를 동원하여 생음악으로 하는 팀, 촛불 등 소품을 들고 나오는 팀, 몸동작을 만들어 함께 하는 팀 등으로 참 다양하였습니다.

이 행사를 진행하며 우리는 서로에 대해 참 많이 놀라고 기뻐했던 것 같습니다. 행사가 끝나고 가진 평가회에서 아이들은 모두 자신들에 대해 '매우 뿌듯하다'는 소감을 밝혀주었습니다. 서로를 칭찬해주느라 입에 침이 마르는 아이들을 곁에서 지켜보며 저도 참 마음이 따뜻하였습니다. 그래서 이 행사는 우리 반 아이들 모두가 토요잔치 초대권을 받는 초유의 행사가 되고 말았습니다.

집중 독서 주간

독서일기 쓰기

운동회나 소풍으로 분위기가 다소 들뜨는 날들이 지나가고 나면 한 주쯤 우리 반에서는 '집중 독서 주간'을 가졌습니다. 이 기간 동안 우리가 한 일은 다음과 같습니다.

- 학교에서 아침 책읽기 시간을 10분에서 20분으로 늘리기
- 숙제는 모두 '책 한 시간 이상 읽기'
- 하루 한 번 이상 도서실 다녀오기
- 이틀에 한 번 이상은 독서일기 쓰기
- 쉬는 시간에 책읽기
- 하루 5분, 가족에게 동화 한 편 읽어드리기

이 기간 중에 특히 독서일기 쓰는 방법을 집중 학습으로 다시 한 번 공부하고 거의 날마다 독서일기를 썼던 기억이 납니다.

독서일기는 그날 읽은 책을 중심으로 썼는데, 책의 내용은 앞에서 배운 '이야기 글 6하 원칙'에 따라 요약하고 자신의 생활이나 경험과 견주어 자신만의 생각을 쓰는 방식으로 하였습니다. 가능하면 줄거리 요약은 전체 글의 30퍼센트에서 40퍼센트 정도만 차지하게 하고, 나머지는 자신의 경험이나 생각, 그리고 책 속의 글을 인용하여 자신의 의견을 강조하는 식으로 쓰도록 하였습니다.

우리 모두 시를 써요 1996. 10. 25.

이 책은 그 유명한 이오덕 선생님이 쓰신 책이다.

선생님께서 이 책을 골라주신 이유가 무엇인지 알았다.

시를 사랑하고 아끼고 시 쓰는 능력을 높이고 넓히라고 골라주신 것 같다.

이오덕 선생님께서 말씀하신 부분을 간추려보았다.

'떠오르는 생각이나 가슴에 울려오는 느낌은 살아 있는 시이다.'

'시는 감동이 있어야 한다.'

등의 중요한 말들이 많았다.

또 이오덕 선생님은 시란 어떤 것인지를 너무 잘 알고 계신다.

거짓, 참됨을 너무 잘 집어내시는 선생님이신 것 같다.

또 이오덕 선생님은 글 쓰는 데 천재이신가 보다.

이 책 말고 여러 책을 만들어내셨다.

나는 이런 선생님을 존경한다.

원숭이 꽃신 1996. 10. 26.

선생님께서 저번에 '원숭이 꽃신'이라는 이야기를 설명해주셨다. 잠시.

18일 전에 이 책을 받았다. 나는 아마 세 번 정도 읽었을 거다.

이야기는 이렇다.

어느 고을에 원숭이는 잣을 많이 가지고 있었다. 이웃 마을의 오소리는

원숭이의 잣이 탐이 나기 시작하였다. 그래서 오소리는 꾀를 내어 원숭이에게

꽃신을 신기면서 선물이라고 하고는 갔다. 그때까지는 신기 좋고 아무리

걸어도 다리가 아프지 않아 좋고, 돌다리를 건널 때도 아프지 않아 좋았다.

그러나 점점 시간이 지날수록 신발은 닳고 돈 대신 잣은 잣대로 닳다가 결국

꽃신이 필요해서 오소리의 노예가 된다는 이야기다.

이 이야기를 읽고 나도 원숭이같이 살고 있지 않나 하고 생각하였다.

또 글의 형식은 날마다 다르게 하였는데, 지은이나 주인공 또는 제3
의 대상에게 쓰는 편지글, 친구에게 소개하는 글, 이 책을 읽어보자고
주장하는 글, 자유롭게 쓰는 생활문 형식의 글 등으로 하였습니다.

권하고 싶은 책 1996. 10. 27.

어느 바닷가 마을에 세 아이가 뛰놀고 있었다.

이 아이들은 친한 친구들이었다. 애니와 이녹, 필립 세 친구는 서로

친하게 지냈지만 이녹과 필립은 애니를 좋아하고 있었다.

이녹은 씩씩하고 힘이 세고 건강했으며 한편으로 필립은 몸은 허약했지만

착하고 영리하였다. 그래서 필립은 이녹과 늘 싸워도 졌다. 이녹과 필립,

애니는 철이 들어 늠름한 청년과 얌전한 아가씨로 자라나 힘이 센 이녹은

애니와 친하게 지내며 둘은 서로 사랑하게 되었다. 이녹과 애니는 결혼하여

아들과 딸을 낳고 행복하게 살았다.

그러던 중 불행이 닥쳐왔다. 이녹이 먼 바다를 건너가 다른 나라에 돈을

벌러 갔다. 그런데 10년이 지나도 이녹은 돌아오지 않았다.

그 중에 필립은 애니와 자식들이 어렵게 산다는 소식을 들었다.

그래서 애니와 아이들을 도와주어 나중에는 애니와 결혼하게 되었다.

이렇게 해서 행복하게 살고 있었다.

이렇게 행복할 때 이녹은 집으로 돌아오는 길에 태풍에 휩싸여 무인도에

있다가 어떤 배가 이 섬에 왔을 때 이 배를 타고 그의 고향으로 돌아와서

애니와 필립이 행복하게 살고 있다는 소식을 듣고 행복을 방해하지 않기 위해

다시 깨어날 수 없는 잠에 빠져들었다고 한다.

이 책은 《세상에서 가장 슬픈 이야기》 중에서 〈슬픈 약속〉이라는 이야기이다.

앨프레드 테니슨이 지었으며 동쪽나라에서 나온 책이다.

깊어가는 책읽기

이 책을 읽으면 마음속 한구석에 이상한 슬픔을 주며 찡하게 한다.

나는 이 책에서 씩씩한 이녹의 사랑보다도 필립의 오래도록 변하지 않으며

기다림이 있는 사랑이 좋다.

다른 사람이 읽으면 어떤 느낌을 가질지 모르지만 나에게는 이런 느낌을 준다.

이 책에는 내가 한 번 더 크게 느낄 수 있는 점이 있었다. 그 점은 사랑은

매우매우 위대하다는 것이다. 우리 마음을 기쁘게 해주기도 하며 한편으로는

아주 슬프게 만든다는 것이다.

만약 인간의 정이 메마른 사람이 있다면 그 사람은 얼마나 괴로울 것인가?

그 사람만이 느끼지 못하는 여러 가지가 있을 것이다. 나는 커서 크고 위대한

사랑을 하고 싶다. 다른 사람이 느끼지 못하는 위대한 사랑 말이다.

좋은 책을 많이 읽자 1996. 10. 29.

나는 5학년 때까지만 해도 반에 학급문고가 별로 없었고 또 책읽기를 지겹게

생각했고 재미있는 책만 읽으려고 했다. 그러나 6학년 올라와서 우리 반에는

학급문고도 수백 권이 넘었고 또 선생님께서 책을 읽으면 좋은 점도 많이

설명해주셨다. 그래서 책을 부지런히 읽었다.

우리 반 학급문고에는 흥분하고 웃기는 책은 없다. 마음을 가라앉히고 생각을

많이 하면서 읽어야 하는 책들로 가득 차 있다. 그리고 학급문고에 있는 책들

중에는 공부에 아주 도움이 많이 되는 책들도 많다.

책을 많이 읽는 것도 좋지만 좋은 책을 골라 읽는 것이 아주 중요하다.

책에는 마음의 양식을 쌓는 좋은 책들이 있고 나쁘고 비뚤어진 생각을 갖게 하는 폭력 만화나 저질적인 책들이 많이 있다. 유머 책도 읽어봤자 아무런 도움이 되지 않고 시간만 낭비할 뿐이다.

우리가 태어나서 세상을 살아가면서 모든 일을 다 경험할 수는 없다.

그러나 경험을 한다면 더 많이 알게 되고 공부에도 도움이 된다. 그렇게 경험을 하려면 책을 읽어야 한다. 간접 경험을 할 수 있기 때문에 도움이 많이 된다.

선생님께서 말씀하셨듯이 우리가 아무리 바빠도 밥을 먹는 것처럼 하루에 30분씩이라도 좋은 마음의 양식을 머리와 마음으로 먹어야 한다.

좋은 책을 많이 읽으면 마음이 넓어지고 차분해진다. 그 마음이 좀 있으면 성격이 되고 성격이 또 인격이 되는 것이다.

마음도 넓고 차분하고 책을 통해 바르게 생활한다면 좋은 사람이 되어 그 사람의 가치가 높아진다. 1권의 책이 인생을 좌우할 수 있다. 그러므로 좋은 책을 많이 읽자.

여러 가지 형식으로 썼던 일기 중에서 '가을에게' 썼던 편지글들은 지금도 잊을 수 없는 아름다운 기억으로 남아 있습니다.

'가을에게 들려주는 나의 책 이야기.' 도저히 속을 드러내 보이지 않을 것 같은 열세 살 남자아이들의 마음입니다. 그러나 '파란 시 하늘 동 단풍잎 마을에 사시는 가을님에게'라는 동국이의 편지글을 읽으며 우린 그저 마주 보고 웃을 수밖에 없었습니다. 꼭 '개구쟁이 산복이' 노래에 나오는 산복이 형님 같다고 늘 놀려대기만 했던 6학년 남학생들의 마음 속에 그런 감성이 들어 있었으리라고 어느 누가 상상할 수 있었을까요? 섬세한 감상과 그 표현에, 심사를 맡아주셨던 교감 선생님도 깜짝 놀랐다고 하시며 칭찬을 듬뿍 해주셨습니다.

이런 행사들을 진행하면서 저는 늘 아이들에게 강조해두곤 하였습니다. 잘하는 사람보다 '열심히 하는 사람', '자신만의 이야기와 표현을 솔직하고 자신 있게 해내는 사람'이 되어보자고. 늘 꿈만 꾸는 저는 또 이런 꿈도 꾸어봅니다. 온 학교가 일주일 동안 또는 한 달 동안 '책만 읽는 학교'가 되어보면 어떨까 하고요.

부모님들께도 이런 마음으로 우리 아이들을 봐주시라고 부탁드려두면 좋겠습니다. 한 달에 한 번쯤은 긴 알림장을 써서 학년 초에 우리가 함께 다졌지만 이제는 희미해진 기억을 되살려드리거나, 그런 마음이 담긴 이야기를 읽어주어 부모님께 전해드리도록 하면 좋겠습니다.

부모님께

가을이 깊어갑니다.

아침저녁 선선한 바람이 지난 3월 품었던 마음들을 다시 한 번 다져보라 일러주는 듯합니다. 우리 아이들 요즘 무척 바쁘지요? 할 일이 많기도 합니다. 곳곳에서 열리는 행사도 많아 다 챙기기도 힘듭니다. 그래도 무엇이 즐거운지 돌아서면 웃고 신나하는 아이들을 보며 저는 늘 새롭게 힘을 얻곤 합니다. 부모님께서는 어떠신지요?

이제 학급문고를 여는 잔치에서 마음먹었던 목표에 얼마나 가까워졌나 돌아보기도 하고, 나의 보물상자는 또 얼마나 채워졌나 챙겨보아야 할 때인 것 같지요? 그러나 한편으로는 우리가 진실로 챙겨보아야 할 것은 눈에 보이지 않는 어떤 것이 아닐까 싶기도 하고, 그보다 더 소중한 것은 어쩌면 책을 읽으며 우리가 함께 느꼈던 즐거움의 크기가 아닐까 생각해봅니다.

책을 읽고 느끼는 즐거움은 금방 드러나는 것이 아니라 아이들 가슴속에 들어가 잔잔한 울림으로 남는 것 같습니다. 그 울림이 오래오래 남아 언젠가 아이들의 생각을 변화시키고 행동을 변화시키는 힘이 되겠지요. 책을 30권이나 읽었으니 그만큼 변한 성적과 행동을 금방이라도 보고 싶어 하는 우리 어른들의 마음, 그 마음은 몇 권의 책을 읽어야 변할까요?

그저 아이들이 빙그레 웃음 지으며 책을 들고 앉는 모습을 가만히 지켜보는 우리가 되었으면 좋겠습니다. 기다려주고 또 기다려주어서 언제까지라도 기다려줄 수 있다는 믿음을 우리 아이들에게 보여주었으면 좋겠습니다.

부모님, 아직도 다소 부족하다 느껴지는 부분이 많으시지요? 책 읽다가 10분도 안 되어 벌떡 일어서는 녀석, 여전히 만화책을 더 좋아하는 우리 아이, 아무리 보아도 오락 시간이 책 읽는 시간보다 길게 여겨지는 아이…. 그래도 가만히 보면 우리 아이들은 나름대로 최선을 다하고 있답니다. 한 번 더 안아주고 따뜻이 어깨를 토닥여주면 더욱 힘을 내고 활짝 웃으며 한 걸음 한 걸음 나아가는 우리 아이들이 될 것입니다.

'내가 너를 얼마나 사랑하는지 아니?'라는 이 말을 들었을 때 가장 행복하였다고, 10년 뒤에 만난 우리 반 아이가 말해주었습니다. 저는 우리 아이들이 우리 엄마와 아빠, 선생님이 얼마나 자신을 사랑하는지 알게 되었으면 좋겠습니다. '어떻게 해주면 알게 될까?' 생각하고 또 생각합니다.

　　　　　　　　　　　　　　　　－생각이 많아지는 가을에 담임 올림

부모님들과 만나서 이야기해보면 종종 이런 얘길 듣습니다.

"학교에 와서 선생님 이야기를 들으면 '꼭 그렇게 해야지!' 하고 다짐하고서는 집에 가서 아이들에게 좋은 엄마가 되어가다가도, 일주일만 지나면 그 마음 다 잊어버리고 또 아이들을 나무라고 비교하고 다잡게 되는 것 같아요."

"그럼 우리 일주일에 한 번씩 만날까요?"

"그러면 치맛바람이라고 신문에 날걸요?"

그러고는 모두 웃고 말았습니다.

한 달에 한 번쯤이라도 학교에 와서 아이들에 대해 이야기도 나누고 좋은 소식도 서로 나누어 가질 수 있으면 어떨까 하는 꿈도 꾸어보았습니다. 그리고 학년 초에 하는 학부모 모임은 같은 내용의 모임을 꼭 두 번 했으면 좋겠습니다. 낮에 한 번, 밤에 한 번. 요즘은 밤이 아니면 학교에 나오실 수 없는 학부모님이 너무 많은 것 같습니다. 무엇보다 '누군가가 우리 부모님들의 마음을 사랑으로 꼭 붙잡아주면 좋겠다.' 하는 생각을 자주 하곤 하였습니다.

달빛 독서기행

일연 스님을 따라 《삼국유사》 속으로

편지도 써보고 집중 독서도 하는 가운데 가을은 우리 곁에서 말없이 깊어갑니다.

아이들도 저도 책 읽는 재미에 어느 정도 빠져들 무렵, 저는 아이들에게 제안합니다.

"얘들아, 우리 여행 갈래?"

"……."

처음엔 무슨 말인지 선뜻 알아듣지 못하고 눈만 말똥말똥하고 있는 아이들입니다.

"우리 반끼리 독서여행 가자."

토끼 눈이 된 우리 반 아이들.

"어디로요?"

"책에 나와 있는 곳으로."

"어떤 책이요?"

"너희들이 좋아하는 걸로 이제 찾아봐야지."

"어떻게 가요?"

"차 타고."

"언제요?"

"달빛 밝을 때."

"밤까지요?"

"응, 아주 깊은 밤까지."

"으악! 정말이에요?"

《삼국유사》를 쓰기 위해 일일이 현장을 찾아다녔다던 일연 스님. 800년 전 그분이 다녀갔을 유적지를 따라가며 우리 아이들과 함께 역사를 느껴보는 독서기행을 마련하였습니다. 《삼국유사》를 읽은 아이들의 이야기를 들어보면 그냥 단순한 옛날이야기로만 읽고 마는 것 같았습니다. 그래서 음력 보름이 들어 있는 주에, 달 밝은 날을 잡아 직접 가보기로 했습니다.

그런데 이런 계획을 알려드리니 부모님들께서 "저희들도 가면 안 될까요?" 그러시는 겁니다. 그래서 토요일 오후이니 시간 되시는 분들은 정해진 시간과 장소에 직접 오시라고 안내해드렸습니다. 학교에 오셔서 아이들과 함께 출발하셔도 되고요. 어느 틈에 이웃 반 아이들도 슬그머니 친구 따라 나섰고, 이웃 학교와 저학년 학급 선생님들도 함께하셔서 그만 학교의 작은 행사가 되고 말았습니다.

토요일 오후 1시에 학교에서 준비해준 버스를 타고 출발하여 경주에 갔습니다. 물론 가기 전에 우리 반 아이들은 정말 열심히 《삼국유사》를 읽었으며, 관련된 자료도 찾아보고 비디오 자료를 가지고 있는 아이가 있어 함께 시청하기도 하였습니다. 그리고 독서기행 자료집도 꼼꼼히 만들었습니다. 하도 준비를 많이 하고 여러 가지 공부를 하여서 늘 하던 계획서를 따로 쓰지 않아도 될 정도였습니다. 그래서 미리 공부한 공책만 들고 가기로 하였습니다.

이차돈의 목을 베었다는 곳으로 전해지는 흥륜사, 흥륜사에서 벤 이차돈의 목이 하늘 높이 날아가 남산 기슭에 떨어졌는데 바로 그 자리에 지었다는 백률사, 백률사 가는 숲길에 참으로 잘생기고 멋진 돌부처님이 계신 굴불사, 그리고 더 설명이 필요 없을 듯한 첨성대를 따라가며 전문가의 안내를 받았습니다. 경주에는 유적지를 따라가며 재미있게 설명을 해주시는 유적 답사 전문가들이 많이 계십니다. 미리 연락을 하면 답사 코스에 대한 안내도 받을 수 있고, 유익한 유적 답사가 되도록 도와주시기도 합니다.

계림에서는 아름다운 저녁노을을 보고 함께 저녁을 먹었으며, 달이 떠오를 즈음에는 분황사에서 모전석탑에 얽힌 원효 스님의 발자취를 더듬어보았습니다. 완전히 어두워진 뒤, 우리는 준비한 초에 불을 붙이고 탑돌이를 한 다음, 미술 시간에 우리 손으로 만든 초롱에 불을 밝히고 황룡사 터로 걸어갔습니다. 멀리서 들려오는 대금 소리를 길잡이 삼아, 텅 빈 황룡사 터에는 우리가 미리 부탁하여 대기하고 있던 대금 연주단 누나와 오빠가 조용히 연주를 하고 있었습니다.

달은 둥실 떠올라 우리들의 얼굴을 환하게 비춰주었습니다. 달빛 속에 아이들의 환한 웃음이 마치 꽃 등불을 켠 것 같았습니다. 대금 연주단이 연주하는 아름다운 우리 가락을 들으며, 온몸을 달빛으로 물들이며, 우리는 오래 가만히 앉아 있었습니다. 달빛만이 고요한 황룡사 터를 가득 채우는 가운데.

끝으로 시 낭송회를 하였습니다. 세 사람 이상의 친구와 짝을 이루어 시 낭송회를 해본 경험을 살려, 이번에는 가족이 함께 고른 '우리들의 애송시'를 모두가 나와 낭송해보는 기회를 가졌습니다. 가족이 함께하지 못한 아이들은 역시 친구들끼리 팀을 만들어 참가하면 되었고요.

우리 아이들이 만들어간 초롱을 둥글게 놓아 무대를 만들고, 달빛을 조명 삼아 목소리를 맞추어보는 순간이었습니다. 참가자 모두가 한 편씩 낭송하는 가운데 밤 10시까지 진행되었습니다.

돌아오는 차 속에서는 다들 말이 없었습니다. 엄마 아빠의 어깨에 머리를 기대고 눈을 감은 아이들의 얼굴이 여름밤 성큼 자란 옥수수처럼 몰라보게 달라진 듯한 느낌이었습니다.

다녀와서 써낸 수빈이의 일기입니다.

토요일, 달빛 독서기행에 처음으로 참가했다. 모두가 흔들리는 차 안에서 기대에 부풀었다. 분황사 석탑, 첨성대 등에서 선생님의 재미난 이야기와 함께 많은 걸 배웠다. 궁금했던 '부처님 이마에 왜 보석이 박혀 있나?' '부처님을 조각할 때는 어떻게 하나?' '보살은 부처님과 무엇이 다르나?' 같은 거.

사면불상의 전설도 듣고 우리가 만든 초롱을 들고 신라 때 만들었다는 분황사 석탑을 돌며 소원도 빌었다.

창살 무늬 사이로 비추어지는 아름다운 불빛을 보며 마음이 따뜻해지는 것을 느꼈다. 둥근 보름달만큼이나 모두의 마음이 둥글어지고 아름다워진 것 같다.

시를 읊을 때도 그 마음을 느낄 수 있었고, 우리는 참 즐거웠다. 하루 동안의 즐거운 여행을 위해 열심히 준비해주신 선생님께 감사드리고 이번에 본 달빛은 정말로 아름다웠었다.

다른 아이들도 모두 달빛 독서기행의 이야기로 일기를 가득가득 채웠습니다. 제 마음도 뭔가 아름다운 것으로 가득 채워지는 느낌이었습니다.

그러나 독서기행을 하려고 하면 여러 가지로 준비하고 생각해야 할 것이 많아 선생님들은 선뜻 마음 내시기가 쉽지 않을 듯합니다. 그래도 혹시 용기를 내보실 선생님이 계시기를 바라며, 조금 더 설명을 덧붙여 봅니다. 저야 주변에 경주가 있어 언제나 가도 좋았습니다만, 경주는 한두 번 가고 말 곳이 아니더군요. 저는 몇 년 동안 해마다 경주로 독서기행을 갔습니다. 독서기행을 갔다 오면 아이들과 부모님들은 경주가 이런 곳인 줄 몰랐다는 말씀들을 많이 하시며 너무나 좋아하셨습니다. 알고 보면 보이는 것이 다른 법이지요.

우리가 살고 있는 곳 주변에서 가까운 곳부터 찾아보신다면 체험학습으로 독서기행을 할 만한 곳은 많다고 생각합니다. 작가와 관련이 있는 곳, 작품의 배경이 되었던 곳도 좋고, 처음엔 답사 길라잡이에 나와 있는 곳을 따라가는 것도 좋을 것 같습니다. 이제는 학교를 떠나와 언제 또 아이들과 독서기행을 가게 될지 기약도 없는데, 저는 이번에도 곽재구 님의 예술기행 책과 포구기행 책을 사두었습니다. 곽재구 님의 《아기 참새 찌꾸》를 읽고 또 읽으며, 아이들과 독서기행을 가면 참 좋겠다고 생각한 적이 많았거든요. 처음에는 잠깐 다녀오시고, 다음엔 조금 더 멀리 가보고, 그 다음에는 기차를 타고 가고, 그러고는 또 버스도 타보는 식으로 전개하면 어떨까요?

장소 선정 다음으로 선생님들께 부담스러운 것이 답사지에 대한 안내와 설명일 것 같습니다. 아이들에게 미리 자료를 찾아보고 준비하게 하지만 그것만으로는 부족하다고 생각됩니다. 그래서 저도 처음에는 혼자서 준비하고 공부까지 하느라 첫 답사를 다녀와서는 감기 몸살을 하였는데, 알고 보니 답사지에는 전문적으로 안내하시는 분들이 생각보다 많았습니다. 그래서 그 다음번에는 미리 연락을 하여 도움을 받았는데 답사가 훨씬 수월하여서 자꾸 용기를 낼 수 있었던 것 같습니다.

답사 부분이 해결되면 다른 프로그램은 학급이나 참가자들의 수준과 흥미를 고려하여 한두 가지 보태기만 하여도 되지 않을까요? 우리들은 처음에는 보문호수 주위에 난 산책길을 따라 걷는 프로그램도 있었습니다. 답사를 끝내고 단순히 걷기만 하였는데도 아이들은 의외로 참 좋아하였습니다.

재미있었니?

달빛 독서기행에 다녀온 아이들은 매우 재미있었을 것 같다. 초롱을 들고

행진하거나 서 있을 모습, 시를 낭독하는 모습은 매우 보기 좋았을 것 같고,

아이들 또한 즐거워했을 것 같다.

나도 갔으면 좋겠다는 생각을 많이 했지만 사정이 있어서 가지 못했다.

성지윤이 토요일날 말했다.

"보라야, 너 안 가?"

"응, 사정이 있어서."

"너도 가면 좋을 텐데."

지윤이의 말을 듣자 정말 나도 가고 싶다는 생각이 한참 동안이나 내 머리를

메웠었다.

그렇게 난 달빛 독서기행을 매우 가고 싶어 했다. 가고 싶어 한 이유는

프로그램 일정을 보니 매우 재미있을 것 같았기 때문이다.

그날 가지는 못했지만 달빛 독서기행에 참가한 아이들이 무사히 집에

돌아오기를 바라면서 잠을 잤던 기억이 난다.

잠을 자려고 누워서 '지금쯤 아이들은 무얼 하고 있을까?' 생각해보기도

하였다.

달빛 독서기행, 다음번에 할 때는 꼭 가야지. 다음에도 이런 행사가 있었으면

좋겠다. 그리고 선생님께서 이제는 안 하신다고 하셨는데 그러면 우리

반만이라도 했으면 좋겠다는 게 내 바람이다. 우리 반은 듣기가 잘 되어 있고

속도 안 썩일 테니까.

　　다녀와서 본 보라의 글을 주간 학급신문에 옮겨 쓰는데 오래 마음이
아팠습니다.

낙엽을 베고 눕다

행복이 가득한 가을숲 산책

아이들과 함께 산책하는 일, 학교에서 아이들과 하는 일 중 참 즐겁고 행복한 일입니다. 걷기에 좋고 침묵하기에 더욱 좋은 가을, 아이들은 틈만 나면 "선생님, 산책해요!" 하며 조릅니다. 그러면 못 이기는 척하며 책 한 권 들고 나서지요.

"얘들아, 산책 가자." 하면 아이들의 얼굴은 금세 꽃처럼 환해집니다. 이제는 산책하는 일도 제법 익숙하여 이웃 반에 방해되지 않게 가만가만 발뒤꿈치를 들고 소리 없는 웃음을 지으며 복도에 줄을 섭니다. 2학기 국어 교과서엔 파란 가을 하늘에 대한 시가 많이 나옵니다. 하늘이 유난히 맑은 날을 잡아 직접 함께 나가 손잡고 가을 하늘을 한번 보면 좋겠습니다.

우리들이 즐겨 산책하는 학교 옆 작은 놀이터, 그 곁에는 몇 그루 단풍나무와 학교 울타리 삼아 심어진 은행나무의 잎사귀들이 푹신하게 깔린 우리들의 비밀 장소가 있었습니다. 우리 반은 그곳까지 걸어가서 각자 편안한 곳에 앉아 책을 읽다가 모두가 그 자리에 누워보곤 하였습니다. 봄이면 봄대로 풋풋한 풀 내음에 취하고, 여름엔 여름대로 깊어가는 녹음에 젖어보는 것, 가을에는 낙엽이 우리를 포근히 받아주는 느낌을 온몸으로 느껴보는 산책.

처음엔 눈이 부셔서 눈을 감고 있던 아이들이 가만히 눈을 뜨고 하늘을 봅니다. 그럴 때면 애써 조용히 하라 하지 않아도 말이 없어지는 아이들을 볼 수 있습니다. 그 파란 가을 하늘을 함께 본 친구들과 땅에 떨어진 단풍잎을 모아 놀이터 마당에 커다란 단풍잎 그림도 그려보고, 낙엽을 던지며 낙엽 싸움도 하고 나면, 돌아오는 길엔 맑은 가을바람이 우리 아이들을 교실까지 바래다주었습니다.

우리 반만의 산책

오늘 우리 6학년 4반은 6교시에 동초등학교에 있는 뒷산의 길로 산책을 갔다.

우수수 떨어진 낙엽을 밟으면서….

난 나도 혼자 매일 산책을 하고 싶다는 생각이 들 때도 있다. 좀 올라가다가

의자에 앉아서 10분간 집중 독서도 하고 낙엽을 주워서 학급문고에 잘 끼워

가져가는 아이들도 있었다.

산책을 하고 나니 난 겉모습은 그대로일지는 몰라도 나의 마음이 또

변했을지도 모른다. 나도 모르는 새에.

등산을 하고 난 뒤의 그 기분, 찌꺼기까지 다 없어진 그런 마음은 아니어도

약간은 씻겨진 듯한 기분이 들기도 한다.

동초등학교 운동장에 있는 은행나무 잎을 하나 떼어 내가 읽는 책에

조심스럽게 잘 끼워두었다. 내가 어릴 때 언니가 책에 잎들을 끼워놓은

적이 있었다. '언니가 왜 저럴까?' 하고 생각한 적이 있는데….

이번 가을에 아빠와 함께 단풍 구경 꼭 가보아야지.

가을 하늘 아래, 산책

우리들은 부스럭부스럭 나뭇잎 위에서 놀았다. 누워서 하늘을 쳐다보았다.

하늘을 쳐다보니 아주 푸르렀다. 나뭇가지 사이로 조금씩 보이는 파란

하늘도 멋있었다. 나뭇가지에 매달린 나뭇잎이 대롱대롱 떨어질 것만 같아

재미있었다. 하늘에 구름이 하나도 없었다.

'구름이 우리처럼 산책을 갔나?' '누가 하얀 구름을 진한 파랑으로

색칠했나?'

쨍쨍 비추는 햇빛 때문에 나는 살며시 눈을 감았다. 가을바람이 지나가며

나를 간질이는 것을 느꼈다. 그리고 푸른 나무의 시원한 공기도 나의 코를

찡하게 하였다.

우리가 누워 있는 것을 이상하게 보는 사람도 있을 것이다. 하지만

그 사람들도 누워본다면 이 아름다움을 느낄 수 있을 것이다. 오래오래 누워 있다가 일어났다. 바삭바삭한 나뭇잎도 가지고 놀았다. 우리는 남자 대 여자로 낙엽 싸움도 하였다. 나도 공격을 받았다. 낙엽이 나의 몸속으로 들어갔다. 따갑기도 하고 시원했다.

사진을 한 방 찍기로 했다. 나는 제일 뒤에 섰다. 사진을 찍을 때 나뭇잎을 휘날리며 배경을 잡아주었다. '낙엽이 휘날리면 멋있는 사진이 나오겠지.' 햐, 오늘 정말 행복한 일을 겪게 되었다. 이렇게 좋은 시간을 가진 것은 모두 우리 선생님 덕이다. 나는 좋은 추억을 주신 우리 선생님께 감사드린다.

산책

4교시에

우리 반은

산책을 나갔다.

오솔길을 걸을 땐

낙엽이 좋았고

걷는 것이 좋았고

또 청솔모도 보았다.

낙원 잔디밭에 누웠을 땐

하늘이 푸르러 좋았고

땅이 안아주어 좋았다.

나도

이 맑고 따스한

자연 같은 사람이

될 수 있을까?

    20년쯤 전에 경남 하동에서 잠깐 일했던 적이 있었습니다. 한 해를 5학년 아이들과 함께 지내면서, 저는 광양에서 하동까지 버스를 타고 출퇴근을 하였습니다. 그때는 도시락을 싸와서 아이들과 함께 교실에서 점심을 먹던 때라, 밥 먹으며 우리는 참 많은 이야기를 나누었습니다.

    저는 주로 출퇴근 길에 본 섬진강 풍경이 날마다 어떻게 달라져 가는지, 길가 떡갈나무 숲의 나뭇잎 색이 얼마나 변했는지, 강에는 안개가 얼마나 끼었는지, 오늘은 비로소 학이 대나무 숲에서 날아오르는 것을 보고 왔다든지 하는 것들을 이야기해주었고, 아이들은 자신들이 알고 있는 동네의 크고 작은 일들과 가족 이야기, 그리고 친구들 이야기를 재미있게 들려주었습니다. 마치 선생님은 이웃 동네에 살고 있어 아무것도 모르니 알려주어야 한다는 듯. 그래서 저는 날마다 학교에 출근하는 것이 아니라 지리산 산마을에 사는 친구들을 만나러 여행 가는 마음이 되곤 하였습니다.

하루는 오래된 철길이 가로지르는 섬진강 가 소나무 숲으로 아이들과 함께 낙엽을 밟으러 간 적이 있었습니다. 그 전날 선생님들과 가서 아름다운 광경에 큰 감동을 받았던 저는 그 다음날 아이들을 데리고 다시 간 것입니다. 그런데 놀랍게도 그 전날엔 그렇게 많던 낙엽이 한 장도 남아 있지 않았습니다. 부지런한 관리인 아저씨들이 새벽에 나오셔서 낙엽을 다 쓸어버렸다는 것이었습니다.

평소 같았으면 정갈하게 나 있는 빗자루 자국에서도 또 다른 감동을 받았겠지만, 그날은 정말 아니었습니다. 할 말이 없어진 제가 "어제는 정말 많았는데…" 하고서는 서운한 마음을 달래며 돌아서 나오는데, 우리 반 남자아이들이 저더러 잠깐만 기다려보라고 하였습니다. 그래서 저와 여학생들은 깨끗하게 비질이 된 소나무 아래를 걸어 강가로 갔습니다. 기특한 녀석들이 우리를 위해 사탕이라도 준비하러 간 줄 알고, 속아주는 척하자고 하면서.

잠시 후 돌아온 남자아이들은 사탕 대신 우리들의 발 앞에 낙엽을 한 장씩 깔아주었습니다.

"선생님, 낙엽 밟으세요."

더 나은 **내가** 됩니다

어제의 나와 오늘의 나

학년 초에 독서 계획을 세울 때 1년 동안 다섯 권의 책을 읽겠다고 해서 저를 웃음 짓게 했던 우리 반 정수는 학년을 마칠 때 몇 권의 책을 읽었을까요? 책읽기가 정말 싫다던 그 녀석도 열두 권이나 되는 책을 읽었습니다. 게다가 짤막한 우화집 같은 책으로 권수를 채운 것이 아니라 창작동화나 전래동화, 과학동화까지 골고루 들어가 있는 제법 묵직한 목록이었습니다.

정수는 얼굴이 빨개지도록 부끄러워하며 목록을 내밀었습니다. 어쩌다 한 번씩 책을 바꾸러 왔지만 내가 골라준 책은 책대로, 자신이 직접 골라 읽은 책도 알찬 것이어서, 속으로는 '어? 이 녀석 봐라?' 싶었습니다. 200퍼센트가 넘는 초과 달성이라고 듬뿍 칭찬해주고 토요잔치 초대권을 주었더니 녀석은 입이 벌어져 다물지를 못했습니다. 그날 밤 정수는 일기장에 어쩐지 책읽기가 좋아질 것 같다며 앞으로는 책을 더 많이 읽겠다는 아부성 발언까지 써놓아서 다음날 일기 검사를 하다가 저 혼자 한참을 웃었던 기억이 납니다.

책읽기의 즐거움을 함께 누리고 싶어 시작했던 독서 지도. 그러나 제가 깨달은 것은, 우리 아이들에게는 책읽기가 중요한 것이 아니라 어른들의 애정과 변함없는 관심, 그리고 따뜻한 격려가 필요하다는 것이었습니다. 이제 생각해보니 목표를 달성하지 못한 아이들에게도, 또 충분히 달성한 아이들에게도 똑같이 관심과 격려가 필요하다는 사실을 깨닫는 데 십수 년이나 되는 참으로 오랜 시간이 걸렸구나 하는 생각이 듭니다. 내가 참 우둔한 사람이었다는 것도 새삼 느낍니다.

학년 초에 우리 반에서는 하루 시간을 내어 공책 만들기를 하였습니다. 그전 학년 때 쓰고 남은 공책을 모두 모아와서 한 권의 공책으로 만들어, 1년 동안 잡동사니들을 기록하는 공책으로 쓰는 것이었습니다. 아이들은 이 특별한 공책 만드는 일을 제가 생각했던 것보다 훨씬 좋아하였습니다. 얼마나 정성을 들여 만들었던지, 자투리 공책을 모아 만든 것이 아니라 특별 제작된 고급 공책처럼 예쁜 색으로 표지까지 만들어 소중히 다루어주었습니다.

언젠가 한번은 그 공책 제목을 '더 나은 내가 됩니다'로 하자며 뜻을

새겨주었습니다. 그 뒤로 우리 반에서는 1년 동안 책읽기를 함께하며 아이들에게 기억하자 했던 것이 '더 나은 내가 되자' 하는 것이었습니다. 어제보다 조금 더 많은 경험을 하고, 조금이라도 책을 더 읽고, 또 조금은 다르게 생각해보는, 그리고 다른 아이들과 견주지 말고 '어제의 나보다 조금 더 깊이 생각하고 조금 더 넓게 생각하는 오늘의 내가 되자'는.

돌아보면 나 자신에게도 힘겨운 이런 말들을 아이들에게는 참 잘도 했구나 하는 생각이 들어 부끄러워집니다. 살아간다는 것은 내 자신이 점점 더 부끄러워지는 것이구나 하는 생각도 들었습니다.

그런데 아이들은 참 신기합니다. 우리 아이들은 그런 말을 하는 저를 보는 것이 아니라, 말에 담긴 의미로 오직 자신을 돌아보며 어제보다 더 나은 오늘의 자신이 되려고 하는 진지한 모습들을 보여준다는 것이지요. 가르친다고 했지만 지금 생각해보면 오히려 배운 것이 더 많은 날들이었습니다.

우리 반 수진이는 이런 글을 보내주었습니다.

'더 나은 내가 됩니다' 공책에 잘 붙여져 있는 '나의 마음이 커갑니다'에는

내가 읽은 학급문고의 내용이 잘 정리되어 있다.

처음에 내가 열 권을 넘기려고 노력했던 날들이 있었다.

열 권을 넘기면 별을 주신다는 선생님 말씀에 열심히 읽었던 것이다.

'더 나은 내가 됩니다' 공책을 만들고 나서 나누어주신 '나의 마음이

커갑니다'에는 우리에게 책을 열심히 읽히려는 선생님의 마음이 숨어 있었다.

거기에는 책의 출판사, 지은이, 읽은 날짜를 쓸 수 있게 되어 있었다.

줄거리를 쓰는 부담을 없애주시기 위해 주.상.동.행.방.결을 가르쳐주셨다.

이것은 쉬운 줄거리 쓰는 방법이다.

아직 한 장을 못 채우고 있지만 나름대로 열심히 읽긴 읽었던 것 같다.

'나의 마음이 커갑니다'에는 정말 나의 마음을 크게 해주는 것이 있다.

6학년이 끝나가는 지금 역시나 쓰기를 게을리하고 있지만 중학교에 가서도

열심히 쓰도록 하겠다.

토요잔치 **초대권**

아주 특별한 토요일 오후

우리 반에서 하는 모든 행사에는 상으로 '토요잔치 초대권'
을 주었습니다. 이 초대권은 누구나 받을 수 있고 몇 장이라도 받을 수
있었으므로 지속적으로 아이들의 관심의 대상이 되었습니다. 무엇보다
이 초대권은 잘한 사람보다 열심히 한 사람에게 주어져서 더 인기가 좋
았습니다.

우리 반에서 가끔 하는 여러 가지 행사에서 친구들과 담임의 칭찬을
받은 사람, 일기에 별을 많이 받은 사람, 콩깍지 놀이를 하여 담임의 콩
이 된 사람, 낙서하기 행사에서 마음껏 낙서한 사람, 하루 동안 마음껏
놀 수 있다고 했을 때 멋진 놀이 계획을 세운 사람, '나의 마음이 커갑니
다'에 한 장을 다 채운 사람, 내 짝의 좋은 점을 잘 찾아내고 많이 찾아내

는 사람, 우리 반 아이들을 즐겁게 해주는 사람, 자신을 많이 발전시킨 사람, 생일을 맞은 사람… 초대권을 받을 수 있는 일은 참으로 많았습니다. 마음껏 낙서만 해도 받을 수 있는 상이었으니 말입니다.

우리는 친구끼리 서로 경쟁하지 말고 자기 자신과 경쟁해보자고 하였습니다. 어제의 나와 오늘의 내 모습을 견주어보는 그런 경쟁 말입니다. 그러나 자신과 싸우지는 말기. 서로 경쟁하지 않고, 또한 대회를 열어 경쟁을 시키지 않아도 열심히 하는 아이들의 모습은 얼마나 예쁜지요.

이 초대권이 있으면 우리 반에서는 학교 급식이 없는 토요일 점심시간에 교실에서 친구들과 선생님과 함께 자장면을 먹을 수 있고, 학급문고 주말 대출도 받을 수 있으며, 오후 두세 시까지 교실에서 책도 읽고 담임과 이야기도 나누고 재미있는 놀이도 할 수 있었습니다. 이 토요잔치는 한 달에 한 번이나 두 번 정도 하였는데, 우리 반에서 누리는 재미 가운데 하나이자 아이들이 매우 좋아하는 행사였습니다. 1년을 함께 보내는 동안 학급의 모든 아이들이 한 번 이상은 초대받을 수 있도록 마음을 써야 하고, 덕분에 한 달에 한두 번 퇴근 시간이 조금 늦어지긴 했지만, 오히려 그럴 때 아이들과 성큼 가까워지는 듯하여 저는 싫지 않았습니다.

어느새 가을이 많이 깊었습니다.

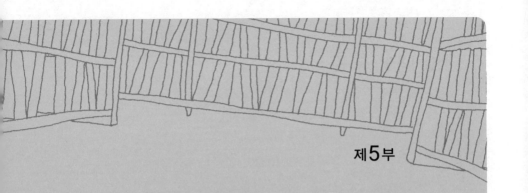

제5부

독서 지도와 토론

책읽기의 꽃, 토론

토론은 왜 배우는 걸까?

토론 부분이 '겨울' 편에 있어서 혹시 '독서 지도가 다 되어야 토론을 지도할 수 있나?' 하실 수도 있겠습니다만, 꼭 그런 것은 아닙니다. 우리 반에서는 3월 말에 첫 토론 수업을 시작하였으니까요. 다만, 겨울이 시작되면 학년이 거의 마무리 단계이기도 하고, 또 토론이 어느 정도는 독서력의 바탕 위에서 이루어질 수 있겠다는 의미에서 마지막 부분에 넣은 것입니다. 무엇보다도 토론 지도의 처음부터 끝까지를 한꺼번에 보여드리는 것이 보기에 편하실 것 같아서 그리하였습니다.

그러므로 학년 초부터 거의 독서 지도와 함께 간다고 보시면 될 것 같습니다. 토론을 하다 보면 독서를 하지 않으면 안 되겠다고 느끼는 아이들도 많고, 또 자연스레 독서를 하게 되는 부분도 있어 서로 보완되는 느낌이 들었습니다.

　요즘은 어디를 가나 '토론'이라는 말을 아주 쉽게, 또 자주 만날 수 있습니다. 그리고 아주 조금이라도 교육에 관심을 둔 사람이라면 어디서나 독서, 논술, 그리고 토론이 중요하다는 이야기를 듣게 됩니다. 그러면 우리는 왜 논술, 토론에 대해 공부하고 아이들에게 토론을 가르쳐야 한다고 할까요? 토론을 좋아하는 사람들과 함께 살아가는 시대라서 그럴까요? 아니면 모여서 토론해야 할 안건들이 특별히 많은 시대를 살아가기 때문일까요? 그보다는 아마 독서와 토론을 교육적으로 잘 지도하면 우리가 교육을 통해 얻고자 하는 목표를 보다 효과적으로 달성할 수 있다는 많은 사람들의 통찰 때문이 아닐까 생각합니다.

　날이 갈수록 사람과 사람 간의, 또 집단과 집단 간의 의사소통이 어려워지고, 거기서 비롯되는 여러 가지 문제들이 사회적인 논쟁거리가 되고 있습니다. 해결하기 어려운 문제가 생기거나 의견이 대립되는 문제에 부딪쳤을 때 질서 있게 합리적으로 의견을 내고 생각을 전개하여 문제를 푸는 길을 함께 찾아가는 토의와 토론을, 제대로 배우고 가르칠 수 있다면 얼마나 좋을까요?

　얼마 전 서울의 한 초등학교 6학년 교실에 가서 아이들과 '토론을 잘 하려면?'이라는 주제로 몇 시간 동안 이야기를 나눈 적이 있었습니다.

그 반 아이들은 담임선생님의 관심 있는 지도로 토론 수업을 많이 경험해본 아이들이었습니다.

"토론 재미있어요?"

"예! 그런데 힘들기도 해요."

"뭐가 제일 힘들어요?"

"토론하다가 막 화가 날 때요."

"맞아요. 화가 나면 무슨 말을 해야 할지 모르게 돼요."

"왜 화가 날까요?"

"제가 하고 싶은 말이 있긴 한데 적당히 잘할 수가 없어서요."

"상대방이 제 말을 잘 못 알아들으니까요. 그리고 상대방이 꼬치꼬치 따지고 질문하면 또 막 화가 나요."

"화가 나면 제가 무슨 말을 하는지도 모르게 돼요."

아이들의 이런 말을 들어보면 학급에서 평소에 아이들이 토론하던 모습이 눈에 선하게 떠오릅니다.

"토론을 잘하려면 어떻게 해야 할까요?"

"설득력 있게 논리적으로 말해야 해요."

"다른 사람의 이야기를 잘 들어야 해요."

"타당한 근거를 대야 해요."

"비판적으로 들어야 해요."

제가 다시 물었습니다. 어떻게 말해야 설득력이 있고 논리적인 것인지, 어떻게 들어야 잘 듣고 비판적으로 듣는 것인지, 또 근거가 타당한지 아닌지는 어떻게 알 수 있는지….

"……."

이즈음에 저는 자신에게 이런 질문을 진지하게 했던 지난 시간을 떠올려보게 되었습니다. 우리는 왜 토의와 토론을 공부해야 할까요?

처음 교단에 섰을 때 저는 아이들과 친해지고 또 학습 지도와 생활 지도에 도움을 받을 수 있겠다는 생각에서 '일기 쓰기'와 '독서 지도'를 시작하였습니다. 그 일은 제가 교단을 떠날 때까지 계속한 일이기도 하였는데, 지금 생각해보면 정말 무지하고 우직한 방법이었다는 생각이 듭니다. 하지만 덕분에 아이들은 책읽기를 즐기게 되었고, 일기 쓰기도 재미있어 하게 되었습니다. 그렇게 10년이 흘렀을 때 저는 비로소 우리 반 아이들이 한 명 한 명 따로, 또 고유한 존재로 보인다는 느낌을 가지게 되었습니다.

그런데 그때부터 제게는 또 다른 고민이 생겼습니다. 많은 책을 읽고 날마다 글을 쓰는 우리 아이들의 생각이, 모두 그런 것은 아니었지만, 기대한 만큼 크게 변화하거나 깊어지지는 않는다는 사실이었습니다. 마음이나 사유의 깊이와 폭이 하루아침에 쓱 달라지는 것이 아님은 잘 알고 있었지만, 책읽기도 일기 쓰기도 교사가 늘 챙겨야 하고 조금 소홀하거나 학년이 바뀌면 어느 틈에 그만 슬그머니 손을 놓아버린다는 사실을 깨달았을 때 저는 참 답답하였습니다.

'어떻게 하면 아이들이 스스로 책을 찾아 읽고, 깊이 생각하게 되며, 의문을 해결하려는 적극적인 의지를 가지게 될까?'

그러나 정말 안타까운 것은 제 자신에게는 이 문제를 해결할 만한 어떠한 정보도 경험도 없다는 사실이었습니다. 저는 아이들에게 좋은 책을 많이 읽히고 날마다 즐겁게 일기를 쓸 수 있도록 도와주면, 저절로 생각도 깊어지고 마음도 넓어지며 또 글쓰기도 잘하게 되리라고 믿고 있었습니다.

물론 일기 지도와 책읽기의 목적이 꼭 글쓰기 실력의 향상이나 학습 능력의 발달에 있는 것은 아닐 것입니다. 게다가 우리 반에서 한 일기쓰기라는 것은 오직 우리 아이들과 저의 마음을 이어주는 끈으로서의 역할에 충실한 별난 방법으로, 초점은 언제나 학급 공동체 형성에 맞추어져 있었고, 책읽기는 학습과 놀이와 생활 속에 자연스럽게 스며든 활동의 하나였기에 더욱 그러했겠지요. 눈빛만으로도 통하는 아이들과 즐겨 책을 읽고 일기를 쓰는 과정에서 우리가 얻을 수 있는 공감대 형성, 무엇보다 중요한 정서적인 교감을 결코 과소평가할 수는 없지만, 그럼에도 위의 의문에 대해 좀 더 적극적인 방법이 제게는 필요하였습니다.

답답한 마음으로 이리저리 방법을 찾던 중에 만난 것이 찬반 토론이었습니다. 이 방법은 15년 전 제가 처음 알았을 때는 '신세대 토론'이란 용어로 이론과 지도 방법이 조금씩 소개되고 있었습니다. 저는 그때 '아, 이런 방법도 있었구나!' 할 정도로 놀랐습니다. 생각해보면 우리는 토론이란 것을 제대로 배워보지도, 또 경험해보지도 못한 세대인 셈입니다.

그때부터 저는 일주일에 한 번씩 그 이론을 잘 알고 계신 전문가를 찾아가 직접 배우고, 다음 일주일 동안 우리 교실에서 직접 토론을 해본 다음 또 그 결과를 가지고 다시 만나 배우고 하였습니다. 그러면서 토론이 어떻게 우리 아이들을 즐겁게 또 멋지게 변화시키는지를 배울 수 있었습니다. 그러다 도서실 운영을 맡으면서 몇 년 학급을 떠나 있었는데, 그 뒤 다시 학급 담임을 맡게 되었을 때 운 좋게도 우리 반이 토론 연구 시범학교의 공개수업반이 되었습니다. 그 덕분에 전에 배웠던 전문가의 지도로 우리 반 아이들이 토론을 직접 익혀가는 모습을 곁에서 보게 되었습니다.

그때 비로소 저는 두 달 동안 토론을 지도받은 아이들의 놀라운 변화를 경험하게 되었습니다. 토론이 무엇인지, 어떻게 지도하는 것인지, 그에 따라 아이들의 생각과 관심의 폭이 어떻게 달라지는지, 또 글을 쓰는 수준이 얼마나 획기적으로 변화하는지를 직접 보게 된 것입니다. 그리고 공개 수업을 통해 많은 선생님들의 공감도 얻을 수 있었습니다. 제게는 참으로 놀라운 경험이었으며, 아이들과 공부하는 방법을 찾는 데 또 하나의 전환점이 되었습니다.

이듬해 저는 6학년인 우리 반 아이들을 직접 지도하며 또 배우고, 책을 찾아 읽었습니다. 아이들과 토론 공부를 하며 저는 우선 제 자신이 달라지는 것을 느낄 수 있어 좋았습니다. 생각하는 것이 달라지면 생활이 달라지고 마음가짐이 달라지며, 당연히 행동도 달라지는 것이지요. 그리고 결국 사람이, 삶이 달라지는 것이라는 깨우침을 얻게 된 셈입니다. 그리고 우리 아이들 역시 토론 공부를 통해 새로운 학습 방법을 터득하게 되었다는 것을 알게 되었습니다.

토론을 통해 학습을 해보면 우리는 알게 됩니다. 우리 아이들이 토론의 주제와 관련된 지식을 스스로 찾아내고 정리하게 되며, 교사가 가르쳐준 방식이 아니라 아이들 자신의 방식대로 의사를 형성하고 표현하는 능력을 계발하게 되며, 비판적 사고력이 싹트고 합리적인 의사 표현의 기술을 익히게 된다는 것을.

우리가 학교 교육을 통해서 기르려고 하는 궁극적인 목표 중의 하나가 '아이들의 사고력과 창의력, 그리고 자기 주도적인 학습 능력'이라고 한다면 토론, 특히 찬반 토론을 통한 수업은 이 목표를 달성하는 데 크게 도움이 될 수 있으리라는 생각이 들었습니다.

물론 학교의 모든 수업을 토론으로만 하게 한다면(그렇게 되어서도 안 되겠지만) 그 교과에서 배우고 익혀야 하는 지식을 골고루 배우지 못하고, 토론에 관련된 내용만 알게 될 수도 있습니다. 또 토론에 참가하는 아이들만 활발하게 수업에 참여하고, 나머지 아이들은 방관자가 되거나 소외되지는 않을까 하는 염려가 들기도 합니다. 또 자칫 '논리를 위한 논리'만을 펴게 되어, 그러잖아도 요즘 말이 많은 '말만 잘하는 아이'로 키우게 되는 것은 아닐까 걱정이 되기도 합니다. 특히 가치관의 혼돈에 대한 걱정을 많이들 하였습니다.

이러한 걱정들은 사실 토론 지도를 하기 전에 제 자신이 누구보다 강하게 의문을 품던 것들이었습니다. 그러나 직접 토론을 지도해가면서 이런 의심과 기우는 조금 유보해두어도 좋겠다는 생각이 들었으며, 우리가 토론 지도 방법을 좀 더 깊이 알고 나면 저절로 없어지리라 여겨지기도 하였습니다. 그래서 용기를 내어, 여기 그 1년간의 과정을 정리해 보기로 합니다.

선생님, 우리도 토론해요!

언어 능력이란?

저는 처음 우리 반 아이들에게 토론을 소개할 때, 아이들이 책을 읽고 싶어 못 견디게 만든 뒤에야 비로소 책읽기를 시작하였듯이 이번에도 그렇게 접근하였습니다. 무심코 지나가는 말로 이렇게 던집니다.

"너희들의 책 읽는 수준은 어느 정도 된 것 같은데, 거기 비해 언어 능력은 생각보다 높지 않은 것 같아."

"……."

"언어 능력이 뛰어난 사람이 사고력이 풍부한 사람이 되고, 또 학습 능력이 우수한 사람이 된다는데 말이지."

이렇게 말하면 아이들은 왜 그런지, 언어 능력이라는 것이 무엇인지

무척 궁금해 합니다. 그리고 어떻게 해야 그런 능력을 기를 수 있는지를 알고 싶어 합니다. 그럴 때 조금 더, 최대한 뜸을 들인 후, 언어 능력이란 것이 무엇이며 어떻게 키워지는지를 살짝 설명해주는 것입니다. 그러면 아이들은 "아하, 그렇구나." 하며 조금은 마음을 놓습니다. 물론 답은 '토론을 통해야 가장 효과적으로 키워진다'라는 것이었지요. 이쯤 되면 우리 아이들은 "선생님, 우리도 토론해요!" 라고 소리칩니다.

인류학자인 벤저민 워프 박사는 1930년대 미국 남서부 지방의 호피 인디언들을 연구하는 과정에서, 언어의 영향이 세계관을 결정할 만큼 강력하다는 결론을 내렸다고 합니다. 언어가 다르면 정신세계도 다르다는 것이지요. 예를 든 것을 보면, 에스키모들이 사용하는 언어에는 눈을 가리키는 단어가 거의 100개나 있다는 것입니다. 그들의 생활과 문화에 맞는 것이라는 분석이었습니다.

사람은 누구나 언어로 생각하고 말하고 글로 표현하며 생활을 영위해 나갑니다. 보통의 경우 일상적으로 이루어지는 단순한 일들을 할 때는 크게 느끼지 못하지만, 수준 높은 생각을 담고 있는 글을 읽고 이해해야 하거나 또 직접 글이나 말로 표현해야 할 때, 상대방을 설득하거나 감동을 주고자 할 때는 그만한 수준의 생각을 할 수 있어야 비로소 가능하다는 것을 알게 될 것입니다.

우리가 학교에서 아이들에게 가르치고 있는 많은 것들은 이 언어 능력을 기르기 위한 것이 아닐까 생각해봅니다. 아이들의 능력과 흥미를 고려하여 여러 부분의 학습 경험을 하게 하고 다양한 종류의 지식을 습득하게 하는 것은, 보다 수준 높은 생각을 이해하고 또 표현할 수 있도록 하기 위한, 즉 종합적인 언어 능력을 길러가는 과정이 아닐까요?

그런데 어느 나라 어떤 언어라 할지라도 언어를 가장 잘 익히게 하는 방법은 바로 '대화'라는 것입니다. 일상적으로 주고받는 단순한 '말'이 아니라 의미와 목적이 분명한 '대화'를 통해 가장 효과적으로 익히게 된다는 것입니다. 그러므로 말하기 중심의 학습을 대화와 토론 중심의 학습으로 전개해보면 어떨까 하는 것입니다.

이때까지 우리는 언어 능력의 향상을 위해서는 '많이 읽고, 많이 생각하고, 많이 쓰는' 방법을 선택해왔으며, 아이들에게 그렇게 하도록 지도해왔습니다. 그러나 제 경험에 비추어볼 때 무조건 많이 읽고, 많이 생각하고, 많이 써야 한다고 가르치기보다 이렇게 해보면 어떨까 싶습니다.

- 먼저 읽고 싶은 생각이 들게 하여 스스로 찾아 읽게 하고 (독서 지도)
- 생각을 깊고 넓게 하는 방법을 가르쳐서 (생각하는 방법 익히기)
- 일정한 규칙에 따라 토론을 해보고 (토론하기)
- 보다 커지고 풍부해진 생각을 재미있게 쓰기 (주장하는 글의 6하 원칙에 따라)

이렇게 해보는 가운데 저절로 언어 능력을 기르도록 해주면 좋겠다는 것입니다.

잡담이 아닌 **토론**을 하자!

어떻게 토론해야 하는가?

사실 토론식 수업은 새삼스러운 것이 아니고, 그동안 우리가 학교 수업에서 자주 사용해온 방법이기도 합니다. 교사들은 교육 과정을 분석하거나 아이들과의 생활 속에서 부딪치는 여러 문제 상황들을 추출하여 주제로 제시하고, 아이들로 하여금 자유롭게 의사를 표현하도록 분위기를 유도하여 활발한 토론으로 이끌기도 합니다.

아이들은 그러한 수업을 통하여 주제와 관련된 많은 것을 조사·탐구하는 기회를 갖게 되고, 또 생각의 폭을 넓혀가기도 합니다. 그러나 이러한 수업이 반드시 성공하는 것은 아닌 것 같습니다. 교사가 토론의 방법과 과정에 대한 계획을 잘 세우지 못하거나, 아이들이 토론의 규칙과 기술을 제대로 익히지 못하면 오히려 강의식 수업보다 학습 효과가 떨어지는 경험을 자주 하게 됩니다.

많은 수업 관찰자들의 보고에 따르면, 우리나라 수업에서 가장 많이 관찰되는 것은 아무런 절차가 제공되지 않는 '알아서 각 소집단끼리 토의·토론하기' 식의 수업이며, 이 외에는 '대립 토론', '배심(패널) 토론'이 많이 이루어진다고 합니다. 아무런 절차나 뚜렷한 방법을 제공하지 않는 토의·토론은 잡담으로 끝나거나 산만해지기 쉬우며, 일부 아이들만 참여하는 것과 같은 여러 가지 문제를 낳게 된다는 것입니다. 그래서 그만 토론은 접어두고 차라리 선생님들이 설명하고 질의 응답하는 전통적인 일제 수업의 형태로 넘어가고 마는 것입니다.

그러므로 우리는 먼저 '어떻게 토론해야 하는가?'에 대한 구체적인 내용과 방법, 절차를 지도해야겠다는 생각을 하게 됩니다.

토론이라고 하는 것이 '하나의 문제'를 두고 찬성하는 생각과 반대하는 생각을 가진 사람들이 동등한 의견 진술의 기회를 가지고, 관련된 정보와 지식을 체계적으로 정리하여 설득력 있는 논조로 자신의 주장을 전개하는 것이라고 본다면, 우리는 무엇보다 먼저 자신의 생각을 설득력 있는 논조, 즉 논리적으로 정리하는 방법을 가르치고 배워야 할 것입니다.

자, 그럼 어떻게 하면 설득력 있게 논리적으로 자신의 생각을 정리하게 할 수 있을까요?

3단 논법에서 **한 걸음 더!**

주장을 위한 6단 논법

'논리적으로'라고 하면 제일 먼저 떠오르는 것이 '3단 논법'이라고 할 수 있겠습니다. 이것은 어떤 의견이나 문제에 대해 자신의 생각을 말하고, 왜 그렇게 생각하는지 이유나 근거를 대는 말하기라고 할 수 있겠지요. 그러나 여기서 한 가지 생각해봐야 할 일은, 자신이 댄 근거가 타당한지 아닌지 명확하지 않을 경우에는 어떻게 될까 하는 것입니다. 혹시 잘못된 이유를 갖다 대고 억지 주장을 편다면? 우리는 단순히 이유나 근거를 제시했다고 해서 그 주장에 공감하여 내 생각이나 태도를 바꾸거나, 그렇게 주장하는 이를 설득력이 있다고 하지는 않을 것입니다. 주장과 이유가 합리적으로 연결되어 있을 때에만 듣는 사람이 이해하고 공감하는 설득력이 생기는 것입니다.

주장과 이유를 합리적으로 연결시켜주려면 어떻게 해야 할까요? 자신이 왜 그런 주장을 하게 되었는지 이유만 밝히는 것보다는 배경 상황이나 자신의 유사한 경험, 또는 이미 증명된 관련 이론 등을 들어 설명하는 것이 더 효과적이라는 사실을 우리는 이미 경험으로 알고 있습니다. 그러므로 설명하는 단계로 한 걸음 더 나아가야 하는 것입니다. 이 설명하기를 '4단'이라 하며, 이 정도만으로도 듣는 사람은 말하는 이의 주장을 보다 쉽게 이해하고 공감하게 된다 합니다. 안건에 대해(1단) 결론을 밝히고(2단), 그런 결론에 이르게 된 이유를 말하고(3단), 충분히 설명하기(4단)입니다.

우리 아이들에게 이렇게 단계적으로 생각을 정리해가도록 알려주었더니 설명하는 저보다 더 재미있어 하며 빨리 배우고 싶다고 아우성이었습니다. 그러면서 묻습니다.

"그럼 5단은요?"

"6단은요?"

이렇듯 뜨거운 관심과 열정을 보여주어서 저는 감동이 될 지경이었습니다.

그럼 이제 5단으로 넘어가 볼까요?

옛날 어른들은 작은 일에도 의견이 분분한 우리들에게 항상 '상대방의 입장이 되어볼 것'을 말씀하셨습니다. 사실 상대의 입장이 되어 생각해보면 많은 문제들이 의외로 쉽게 풀린다는 것을 우리는 알고 있습니다. 그래도 막상 어떤 문제에 부딪쳤을 때 그렇게 해보기가 쉽지 않다는 것도 역시 알고 있습니다. 5단계는 바로 이 '상대의 입장이 되어보는 것'이라고 할 수 있겠습니다.

사람들은 누구나 일단은 모든 일을 자기중심으로, 자기에게 유리하도록 해석하고 적용하려는 성향을 조금은 가지고 있는 것 같습니다. 그러므로 의도적으로라도 상대의 입장이 되어 생각해보는 것은 이런 자기중심적인 판단에 객관성을 부여해주는 중요한 과정이라 할 수 있겠습니다. 이런 생각의 단계를 거쳐 판단을 하게 된다면 그렇지 않을 때보다 훨씬 신중하고 합리적인 판단을 할 수 있지 않을까요? 토론에서는 이것이 '반론에 대한 고려', 즉 5단계라 할 수 있습니다.

그런데 만약 이 단계에서 내가 찾은 이유와 설명이 반대의 입장에서는 너무 지엽적이거나 합리적으로 연결되지 못한다는 것을 발견하게 된다면? 이럴 땐 어떻게 해야 할까요? 그래도 억지로 주장을 전개해 나가야 할까요? 물론 아닐 것입니다. 과감하게 3단으로 돌아가 다시 생각해야 할 것입니다. 보다 합리적인 이유를 찾으려는 노력을 해야 할 것이며, 더 깊이 생각해보아야 할 것입니다. 이렇게 해서 얻어진 이유라면 조금 더 합리적이고 객관적인 이유로서 설득력을 가지게 될 것입니다.

그리고 마지막으로, 어떤 일에든 찬성도 반대도 아닌 예외적인 부분도 존재한다는 것을 생각하며 이를 살펴보는 과정을 거치도록 하였습니다. 바로 6단계입니다.

　이렇게 설명하고 연습하자 하였더니 아이들은 먼저 '후유' 하고 한숨을 쉬는 것이었습니다.

　"너무 어려워요."

　자신의 생각을 설득력 있게 정리한다는 것이 매우 어렵고 힘든 과정임을 알게 되고는 눈에 띄게 신중해지는 아이들을 볼 수 있었습니다. 그러나 한 걸음 한 걸음 앞으로 나아가면서 아이들이 느끼는 성취감 또한 작지 않은 기쁨이고 보람일 것입니다.

　정리를 해보면 '토론'(특히 '찬반 토론')을 위해 필요한 6단계는 다음과 같습니다.

- 안건에 대해 (1단)
- 자신의 결론을 내리고 (2단)
- 그 결론에 이르게 된 이유를 찾아 제시하고 (3단)
- 이유의 옳음을 설명하고 (4단)
- 나의 결론에 반대 또는 대조되는 의견(반론)이나 생각을 고려하여, 내 생각과 견주어 그것이 비논리적임을 보여주거나 잘못됨을 지적하고 (5단)
- 예외를 정리하는 연습이 되어 있어야 할 것입니다. (6단)

　이것은 사실 우리가 알고 있는 3단 논법을 좀 더 보완한 것이라고 볼 수 있겠습니다. 이 이론은 영국의 톨민 박사에 의해 정리되었는데, 3단 논법에 비해 실제 상황에서 더욱 쓸모 있는 논리라 하여 '실용논리'라고 합니다.

이 여섯 가지를 '주장하는 글의 6하 원칙'이라고 할 수 있겠습니다. 우리가 기사를 쓸 때 6하 원칙(누가 / 언제 / 어디서 / 무엇을 / 어떻게 / 왜)을 생각하고 글을 쓰면 빈틈없이 잘 정리된 글을 쓸 수 있게 되듯이, 주장하는 글을 쓸 때는 이 '주장하는 글의 6하 원칙'을 기억하며 쓰면 되겠지요. 간단하게 정리하면 '안건 / 결론 / 이유 / 설명 / 반론 고려 / 정리'가 됩니다. 우리 반에서는 앞 글자만 따서 '안/결/이/설/반/정'으로 기억하기로 약속하였습니다. 그리고 이것이 바로 토론 내용 전개의 규칙이기도 합니다.

찬반 토론에서는 크게 두 가지의 규칙이 있다고 합니다. 그 하나가 위의 내용 전개의 규칙이고, 다른 하나는 '토론에서는 반드시 찬성 쪽이 제시하는 이유를 반대 쪽이 집중적으로 비판하여야 한다'는 규칙입니다. 만일 이 규칙을 어기고 반대 쪽이 찬성 쪽 이유를 비판하지 않는다면, 그것은 결과적으로 찬성 쪽의 이유가 옳다고 인정한 것이 되므로 찬성 쪽이 이기는 토론이 된다는 것입니다.

이 두 규칙이 내용 면에서 토론자 모두가 지켜야 할 규칙이라면, 토론 절차에 있어서 시간 규정, 발언 순서와 기회 등과 같은 것은 형식 면에서의 규칙이라고 할 수 있습니다. 이러한 기본적인 규칙이 지켜지는 상황에서 각자가 자신의 의견을 밝히고 반박하는 토론이 이루어져야 한다는 것입니다. 마치 일정한 규칙을 정해놓고 운동경기를 하는 것과 같다고 볼 수 있겠지요.

그러므로 우리는 아이들에게 먼저 이 6하 원칙에 맞추어 생각하고 정리하는 것과, 규칙을 지켜 토론하는 것을 꾸준히 반복하여 지도해야겠습니다. 물론 토론을 할 때마다 반드시 이 6하 원칙을 순서에 맞게 다 지켜야 한다는 것은 아닙니다. 그럴 수 없는 경우도 많겠지요. 때로는 결론이 맨 나중에 올 수도 있고, 예외를 생략하는 경우도 있을 것이며, 4단이나 5단까지만 해도 충분할 경우가 있을 것입니다. 그러나 이 6하 원칙의 기본을 머릿속에 잘 정리해두면 응용은 얼마든지 가능하기 때문에 기본을 잘 익혀두어야 한다는 것이지요.

독서토론을 할 때 우리는 먼저 책을 읽고 내용을 요약하며 문제를 파악한 뒤, 그 문제에 대한 자신의 입장을 정리하게 될 것입니다. 그럴 때 앞에서 배운 '이야기 글의 6하 원칙(주/상/행/동/방/결)'에 따라 요약한 후 이 6단 논법(안/결/이/설/반/정)으로 자신의 주장을 정리하게 하면 아이들은 큰 부담 없이 토론에 임할 수 있게 된다는 것을 알 수 있었습니다.

여기까지 설명하면 아이들은 신기해 하고 이해가 되는 듯하면서도 다소 걱정스러운 표정들을 보입니다. 그러면 슬쩍 이렇게 격려해줍니다.

"자, 이제 이론을 알았으니 실제로 한번 써먹어 보아야 하지 않을까
요?"

아이들의 대답은 어느 때보다 우렁차지요.

"예~!"

산타클로스는 있을까?

첫 토론 수업

이제 우리 반에서 토론 학습의 첫걸음을 옮겨보겠습니다. 다음은 우리가 처음 6단 논법으로 토론하기를 배울 때 아주 효과적이었던 한 편의 글입니다.

《뉴욕 선》지 편집장님께

저는 여덟 살입니다. 저의 친구들 중에 산타클로스가 없다는 애들이 있습니다.

아빠는 "《뉴욕 선》 신문에서 있다고 하면 있는 거다."라고 하십니다.

사실을 말씀해주십시오. 산타 할아버지는 있는 겁니까?

뉴욕 시 서부 95가 115번지
1897년 9월 21일 버지니아 오할론 올림

이 짧은 편지는 뉴욕에 살고 있던 버지니아 오할론이라는 여덟 살 소녀가 당시의 유명한 일간지인 《뉴욕 선》지 편집장 앞으로 보낸 것입니다. 만약 여러분이 이런 질문을 받는다면 어떤 답장을 보내주겠는지요? 산타클로스는 있다고 대답한다면 그 근거로 어떤 설명을 하겠는지요? 만약 없다고 생각한다면 왜 그렇게 생각하는지 설명할 수 있겠는지요?

오할론의 편지에 《뉴욕 선》지 편집장은 친절한 답장을 보내주었는데, 이 글이 널리 알려져 100년이 지난 오늘날에도 크리스마스 때가 되면 새롭게 신문에 실리곤 한답니다.

우리 반 아이들에게 처음 '산타클로스는 있는가?' 라고 물었을 때 90퍼센트는 없다고 하고, 나머지는 '있다'가 아니라 '있는 것 같다'고들 하였습니다. 그래서 왜 그렇게 생각하는지 설명해보라고 하였습니다. 다들 우물쭈물하며 명확한 근거를 대지 못하고, 성탄 선물이나 어린 시절의 기억 한 자락, 또는 아이들에게 꿈을 주기 위해 있어야 하지 않을까 하는 이야기를 하다 그만 다 함께 웃고 말았습니다.

왜 그랬을까요? 평소에 이런 문제를 진지하게 생각해보지 않은 이유도 있었겠지만, 설명하기가 결코 만만치 않다는 사실을 우리는 알 수 있었습니다. 그래서 그날은 거기까지만 하고 집에 가서 부모님과도 이야기를 나누어보고 자유롭게 생각해오라고 하였습니다.

다음날, 아이들은 학교에 오자마자 산타클로스의 존재 여부로 이야기꽃을 피우더니 빨리 함께 공부해보자고 졸라댔습니다. 공부하자고 졸라대는 아이들을 보는 즐거움이라니!

부모님과 나눈 이야기를 발표하게 하며 한참 뜸을 들인 후 다음의 글을 나누어주고 읽게 하였습니다. 바로 《뉴욕 선》지 편집장의 답장글입니다. 그랬더니 그제야 모두 고개를 끄덕였습니다. 그러고는 비로소 모두들 '산타클로스는 있다!' 라고 하게 되었습니다. 90퍼센트의 생각이 바뀐 것입니다. 무엇이 우리 아이들의 생각을 바뀌게 하였을까요?

사랑하는 버지니아 양에게

버지니아 양의 친구들이 옳지 않습니다. 의심이 많은 시대에 태어났기 때문에 그 영향을 받았겠지요. 요새는 눈에 보여야만 믿는 이들이 많습니다. 지각의 영역은 조그마한데도 그 작은 지각 능력 속에 들어오는 것만이 세상에 존재한다고 생각합니다. 어른이든 어린이든, 그가 갖고 있는 지각은 조그마할 뿐입니다. 이 기대한 우주는 그 속에 사는 인간의 지각으로만 감당할 수가 없습니다. 그렇습니다. 산타클로스는 존재합니다. 그의 존재는 마치 사랑과 관용과 헌신이 존재하는 것처럼 확실합니다. 버지니아 양이 잘 알고 있듯이 사랑과 관용과 헌신은 우리 주위에 넘쳐흘러서 삶에 아름다움과 기쁨을 가득 채웁니다. 오! 만일 산타클로스가 존재하지 않는다면 이 세상이 얼마나 황량해질까요! 마치 버지니아 양이 이 세상에 존재하지 않는 것과도 같이, 산타클로스가 없다면 세상은 황량해질 것입니다. 이 세상을 그런대로 살아갈 수 있으려면 어린아이와 같은 믿음도 있어야 하는데, 만일 산타가 없다면 그런 것들도 다 없게 될 것입니다. 어린 시절에 충만하던 영원한 빛이 꺼지고 말 것입니다.

산타 할아버지가 없다고요? 요정이 어디 있느냐는 것과 같습니다. 구할 수 있는 사람을 다 구해서 크리스마스 전날 밤 집집마다 굴뚝을 모두 지키라고 아빠에게 부탁한다고 합시다. 그렇게 한다고 해도, 산타가 오는 것을 본 사람은 하나도 없을 것입니다. 그러나 그렇다고 해서 그것이 산타가 존재하지 않는다는 증거는 아닙니다. 세상에서 가장 분명한 실존은 어린이나 어른이 눈으로 볼 수 없는 것들입니다. 요정이 잔디밭에서 춤추는 것을 본 일이 없지요. 세상에는 눈에 보이지도 않고 볼 수도 없는 놀라운 일들이 많은데, 그 놀라운 것들을 인간이 모두 생각해내고 다 상상할 수는 없습니다.

아기가 갖고 노는 딸랑이는 부수어보면 그 속에 무엇이 있기에 그런 소리를 내는가 알아볼 수 있습니다. 그러나 세상에는 가장 힘센 사람들이 모두 힘을 합쳐서도 도저히 부수고 들여다볼 수 없는, 베일로 감싸인 안 보이는 세계가 있습니다. 다만 믿음만이, 상상만이, 시만이, 사랑만이, 그리고 로맨스만이 그 커튼을 열어서 거기에 있는 초자연의 아름다움과 영광을 목격하고 그려볼 수 있습니다. 그런 것들도 모두 실제로 존재하느냐고요?

오, 버지니아 양. 이 온 세상을 다 보아도, 그보다 더 분명하게 존재하고 실존하는 것은 없습니다. '산타클로스가 없다!' 천만에요. 산타 할아버지는 살아 있습니다. 그리고 영원히 살아 있을 것입니다. 지금부터 천 년이 지나도 산타 할아버지는 어린이들의 가슴속에 기쁨을 주면서 영원히 살아 있을 것입니다.

《뉴욕 선》지 편집장 프랭크 처지

참 명쾌한 설명이지요? 물론 6단계의 원칙을 모두 명확하게 포함하고 있다고 할 수는 없지만, 우리가 이해하기에 충분한 설명이라는 느낌이 들지는 않는지요? 저는 우리 반 아이들에게, 앞으로 우리가 하게 될 토론을 잘 공부하게 되면 이런 질문에 대해서도 자신의 생각을 명확하게 정리하여 위와 같은 수준의 답장을 보내줄 수 있게 될 것이라고 하였습니다.

그러면 6단계의 원칙이 어떻게 녹아들어 있기에 우리 아이들의 고개를 끄덕이게 만들었는지 알아볼까요?

- '산타클로스는 존재하는가?' 라는 안건에
- 결론은 '그렇다'입니다.
- 이유는 '세상에는 지각할 수 있는 세계와 지각할 수 없는 세계가 있는데, 산타는 지각할 수 없는 세계에 속하기 때문에'라는 것입니다.

- 이제 설명을 해야겠지요. '사랑과 관용과 헌신과 믿음과 시 등은 직접 지각할 수 있는 것이 아니지만 이들은 존재한다. 그러므로 지각할 수 없는 산타클로스도 존재한다.'는 것입니다.

- 반론도 고려해야 합니다. '그러나 보이는 것만을 존재하는 것이라고 정의할 때에는 산타란 없다고 생각할 수 있다.'

- 그리고 이러한 반론을 나의 주장과 견주어보아야겠지요. '그렇지만 사실상 보이지 않는 세계의 존재를 인정해야 한다. 사랑, 관용, 헌신, 믿음, 시처럼 눈으로 꿰뚫어볼 수 없는 베일 너머에 있는 것들을, 오로지 눈에 보이지 않는다는 이유로 그들의 존재를 부인한다면 인간의 삶은 황량해질 것이다. 그러므로 보이지 않는 세계도 인간 세계의 일부분이다.'라고 한다면 더욱 설득력 있는 주장이 되지 않을까요.

- 마지막으로 정리 단계입니다. '보이는 것만을 존재하는 것이라고 개념 정의를 할 때에는 산타클로스 모습을 한 인형이나 성탄 때의 산타클로스들만 존재할 뿐일 것이다. 그러나 현실적으로 보이지 않는 세계를 인정해야 하므로 보이지 않는 산타는 존재한다.'

여러분의 생각은 어떠신지요? 다음은 첫 토론 수업을 하고 난 우리 반 아이의 글입니다.

오늘 처음으로 토론 수업을 했다. 처음에는 어려운 줄만 알았다. 6단 논법,

3단 논법, 2단 논법, 요약하는 방법을 배웠다. 6단 논법은 안건, 결론, 이유,

설명, 반론, 정리하는 것이다.

외우려면 앞에 글자만 따서 외우면 아주 쉽다. 재미없는 줄 알았던 토론

공부가 너무 재미있어진 것 같았다. 주제만 정해주면 쉽게 할 수 있을 것 같다.

수학보다 재미있고 사회보다 재미있고 자연보다 재미있고 어떤 것보다

재미있다.

내일 하니까 열심히 해야겠다. 매일 했으면 좋겠다. 좋은 공부인 것 같다.

찬성합니다! 반대합니다!

게임처럼 토론 방법 배우기

우리가 토론을 학습 방법으로 선택하는 목적은, 이런 토론을 통해서 일관성 있게 이유를 제시하고 논증하고 반박하고 자신의 주장을 설득시키는 연습을 함으로써, 아이들의 생각하는 힘을 기르고 언어 능력을 발달시키려고 하는 데 있음을 먼저 분명히 하여야 할 것입니다. 특히 토론을 처음 시작할 때 아이들에게 이 부분을 충분히 설명하면 아이들은 토론 공부의 목적을 제대로 이해하게 될 것이며, 도덕적인 가치 판단과 결부하여 억지 주장을 펴지는 않게 될 것입니다. 또한 판정 결과나 승부에 지나치게 집착하지 않는 현명함을 보여줄 것입니다.

우리가 어떤 문제에 대해 자신의 생각을 3단, 나아가 6단으로 정리하는 공부를 자꾸 하게 되면, 그것 자체만으로도 상당히 객관적이고 균형 잡힌 생각을 할 수 있게 되는 것 같습니다. 그런데 그렇게 정리한 생각을 가지고 또 다른 관점에서 나름대로의 생각을 정리한 사람과 만나 토론을 하게 된다면 우리 사고의 폭은 분명 더욱 확산되고 균형 잡힌 시각을 갖게 되지 않을까요?

　게다가 그러한 토론을 게임처럼 규칙을 정하고 승패를 결정하는 경기로 진행하여 즐길 수 있도록 한다면 어떨까요? 운동선수들이 충분한 연습과 함께 상대를 정해 경기를 가짐으로써 실력을 비약적으로 발전시켜가듯이, 토론을 경기로 진행하여 우리 아이들에게도 진정 폭발적인 언어 능력의 발달을 기대할 수는 없을까요?

| 발언 순서와 시간 |

토론은 반드시 찬성 발언이 먼저 있고 이어서 반대 발언이 있습니다. 찬성과 반대 발언이 각각 끝날 때마다 상대편과의 질의 응답이 있을 수 있습니다. 이렇게 찬성-반대의 대결을 1회전으로 하여, 계속해서 2회전, 3회전으로 팀 토론을 전개할 수 있습니다. 그러나 마지막 발언은 반대 연사가 먼저 발언을 하고, 찬성 연사가 맨 나중에 발언하도록 합니다.

　이 토론은 발언하는 데 한 사람이 3분이나 5분 정도 또는 10분까지 시간 제한을 두어 진행하므로, 정해진 시간 안에 자신의 생각을 논리적으로 정리하여 말하는 훈련을 저절로 하게 될 것입니다. 그러자면 사전에 충분한 생각과 전략이 있어야겠지요.

토론 공부를 시작한 초기에 우리 반 아이들의 평균 발언 시간은 16초에 지나지 않았습니다. 아무리 6단계 원칙을 강조해도, 생각하는 훈련이 되어 있지 않고 생각의 깊이가 깊지 않은 아이들이었으니 너무나 당연한 결과였을 텐데도, 그 수업을 지켜본 우리 학교 선생님들은 모두 놀라셨습니다. 하긴 6년이나 말하기 공부를 한 아이들의 수준이 이 정도였으니.

| 질문의 힘 |

토론 진행의 효과를 높이기 위하여 한 학생의 발언이 끝나면 상대방 쪽에서 자유로이, 또는 미리 정한 질문자가 정한 시간 안에 질문을 하고, 거기에 대해 정해진 순서대로 대답을 해야 합니다. 이러한 순서와 절차에 따라 토론이 진행되므로, 감정적인 대응이나 단순 질의응답식 토론은 찾아보기 어려워지게 되겠지요.

볼테르는 "답변에 의해 사람을 판단하지 말고 질문에 의해서 사람을 판단하라."고 했습니다. 저는 토론 시간에 특히 '질문의 힘'을 강조하며, 좋은 질문을 던진 사람을 많이 칭찬하였습니다. 가만히 생각해보면 우리 아이들은 수업 시간에 질문하지 않고 또 제대로 질문할 줄 모른다는 현실에 많은 선생님들이 동의하시리라 여겨집니다. 저는 질문하지 않는 교실이야말로 바로 무너진 교실이 아닐까 생각할 정도였습니다. 그래서 공부를 시작하기 전에 늘 아이들에게 질문할 것을 찾아보라는 주문을 하곤 하였지요. 좋은 질문을 할 수 있다는 것은 풍부한 지식은 물론이고 날카로운 판단력을 가지고 있다는 뜻이며, 질문할 것이 있다는 것은 더 알고 싶다, 더 공부해보고 싶다는 또 다른 표현일 테니까요.

제가 질문의 힘과 멋을 하도 강조하는 바람에 우리 반 아이들은 서로 질문자가 되겠다고 신청할 정도가 되었습니다. 토론자의 주장을 듣고 그 주장이 이유와 어떻게 연결되는지를 살펴 빈틈을 찾아내고는, 아무도 생각하지 못했던 예리한 질문을 던져 토론자와 참관자 모두에게 '아!' 하는 감탄사를 불러내는 질문자 역할, 정말 멋지겠지요?

| 토론 심사의 기준 |

찬반 대립 토론을 할 때는 반드시 판정인이 있어야 하며, 판정 결과에 따라 승패를 결정짓게 됩니다. 이때 판정인이 하는 일을 '심사'라고 할 수 있습니다. 심사는 판정 결과에 대하여 분명한 근거를 댈 수 있어야 하고, 일정한 원칙과 기준을 가지고 토론 전 과정의 논리성과 협동성을 평가할 수 있어야 합니다. 그리고 토론 마지막의 정리 단계에서 승자와 패자에게 각각의 장점과 보완할 점을 들어 심사평을 할 수 있어야 합니다. 그러므로 교실에서는 일반적으로 선생님들이 이 역할을 하게 되고, 참관하는 아이들은 부심사관으로 평가에 참여하게 됩니다.

토론 지도를 하며 가장 힘들고 자신 없었던 부분이 바로 이 부분이었는데, 지금도 자신 없고 떨리기는 마찬가지라고 할 수 있습니다. 토론이 진행되는 동안 아이들의 발언 내용을 하나하나 메모해가며 기준에 맞게 평가하는 일은 아무리 해도 익숙해지지 않고 진땀나는 일이었습니다. 아마 토론 지도를 생각하는 지도자라면 누구나 맨 먼저 부딪치는 문제가 아닐까 합니다. 그러나 아이들은 심사평을 들으며 한 단계씩 쑥쑥 발전한다는 느낌을 많이 받았으니, 결코 소홀히 할 수 없는 일이기도 합니다.

그래서 저는 아이들에게 먼저 솔직하게 이해를 구해도 좋겠다는 생각이 들었습니다. 아이들과 함께 배우고 익혀간다는 자세로 시작하면 그리 두려워할 일은 아니겠지요. 그래서 제 자신이 더 많이 공부하게 되었으니 좋은 일이라고 해야 할지….

처음 토론 지도를 시작하실 때 참고가 될 것 같아 심사의 원칙과 기준을 간단하게 소개해봅니다(질의응답식 토론의 경우입니다).

연사

- 이유가 타당하였나?
- 설명이 충분하였나?
- 반론 고려가 효과적이었나?
- 질문에 대하여 충분한 준비로 적합한 답변을 하였는가?
- 효과적으로 표현을 하였나? (토론에 임하는 태도의 평가로, 말의 빠르기, 목소리의 크기, 설득력 있는 몸짓이나 손짓, 상대를 응시하는 눈빛, 팀워크,

성실성, 작전 시간을 활용하는 자세와 태도, 적절한 메모 활동 등입니다.)

• 자신의 역할을 잘 알고 효과적으로 토론에 참여하였는가?

• 팀 협동이 잘 되었나?

질문자

• 상대의 주장을 정확하게 이해하고 질문하였나?

• 결정적인 타격을 줄 수 있는 문제점을 찾아서 질의하였나?

• 질의의 표현이 효과적이었나? (상대로 하여금 '예', '아니요'라는 답변을
요구하는 질문이나, 논제 이탈 여부나 주장과 답변과의 일관성을 묻는 등의
질문입니다.)

토론을 익숙하게 잘할 수 있게 되면 심사 기준이 좀 더 자세하고 구체
적이어야 할 것입니다. 그러나 교실에서는 선생님 한 분이 이 모든 것을
해나가야 하므로, 너무 많은 심사 기준은 오히려 모두에게 부담이 될 수
도 있을 것입니다.

무엇보다 중요한 것은 토론의 교육적 효과를 높이기 위하여 양측의 잘
한 점을 칭찬하고, 토론자들이 토론 과정에서 놓친 점을 일깨우며, 아쉬
운 점에 대해서는 대안을 제시하여 올바른 판단력을 기르도록 돕는 일일
것입니다. 특히 교실에서 이루어지는 토론 학습에서는 모든 아이들에게
세심한 심사평을 할 수 있도록 먼저 배려하여야 합니다. 그리고 토론을

통해 우리가 무엇을 배울 수 있었는지 되돌아볼 수 있도록 이끌어, 더 나은 토론 능력과 토론 문화를 지향하도록 하는 데 초점을 맞추어야 할 것입니다.

토론 수업을 교실에서 하려고 할 때 이런 이론적인 이야기를 충분히 하고 난 뒤 토론 수업에 들어가도 좋고, 곧바로 읽기 자료를 이용하여 토론 수업을 하면서 이런 부분을 중간중간 적절히 설명해가는 것도 좋을 것 같습니다. 저는 따로 이론 설명을 하지 않고 바로 토론 수업을 진행하는 방법으로 하였습니다.

신세대 토론을 배우며 그곳에서 제공한 여러 가지 읽기 자료로 토론 수업을 진행한 뒤, 우리 교과서의 자료를 이용하여 수업을 해보았습니다. 먼저 6학년 도덕 교과서의 '단원 14. 더불어 사는 세상'에서의 '바쁘기는 하지만'과 국어 교과서 '5. 의견을 모아서'라는 단원을 통합하여 토론 수업으로 진행해보았는데 아이들이 아주 재미있어 하였습니다. 그래서 그 뒤로는 가능하면 교과서의 토론 관련 단원을 가려 수업에 활용하였습니다.

반대합니다.

저는 '기영이네 가족은 아저씨를 도와야 한다.'라는 안건에 반대합니다.

그 이유는 우리는 상황에 따라 행동해야 하기 때문입니다.

기영이네 가족은 고모네 결혼식에 가고 있었는데 가다가 배수로에 바퀴가

빠진 아저씨를 만났습니다. 기영이 아버지는 멈추고 공동체 구성원으로서

당연히 할 일인 도움을 주었습니다.

한적한 시골길에 차를 꺼내려고 하는 사람은 단 두 사람뿐인데 바퀴는 점점 더

빠지고 있습니다. 약속한 결혼식은 갈수록 급해지는데 아저씨의 일에 진전이

없다면 급한 결혼식에 참석하여 전화로 견인차를 비롯한 도움을 요청하는

것이 더 효율적이지 않을까요?

찬성 측은 진전이 없을수록 더 도와줘야 한다고 하지만 있어봐야 어차피

소용없는 것. 그것이 진정한 도움일까요? 그렇게 한다면 중요한 두 가지를

기영이네 가족은 모두 놓치게 됩니다. 그렇다면 그것이 현명한 방법일까요?

물론 우리는 어려운 처지에 놓인 사람일수록 끝까지 도와주어야 합니다.

고모는 행복한 상태에 있어서 이해할 수도 있습니다.

그러나 우리는 똑같이 놓인 일 중 소중한 일을 먼저 해야 합니다. 일생에 단

한 번뿐인 결혼식, 온갖 축하를 받아 행복할 수도 있지만 가장 가까운 사이인,

믿던 오빠가 와주지 않는다면 그 많은 행복이 단 한 번에 날아가 버릴 수

있지 않을까요?

저는 이런 이유로 안건에 반대합니다.

찬성합니다.

안녕하세요? 저는 찬성 팀 토론자 최승호입니다. 저는 이 안건에 찬성하는데

그 이유는 다음과 같습니다.

먼저 한수윤 토론자와 최준학 토론자께서는 견인차를 불러야 될 것이라고

하였는데 견인차를 불러주는 것은 기영이 아버지이므로 안건에 대한 의견에

어긋나는 주장이 아닌가 싶습니다. 또 신민주 토론자께서 건너편에 있는

사람이 위급할 때 규칙을 어길 수도 있다고 예를 드셨지만 목숨과 결혼을

비교하는 것은 옳지 않다고 생각합니다.

이번에는 제 의견을 말해보겠습니다.

첫째, 기영이네가 도와주지 않으면 그 아저씨는 어찌할 수가 없을 것입니다.

둘째, 그 아저씨를 도와주지 않고도 기영이네 가족의 마음이 편할 수가

있을까요?

제가 기영이네가 그 아저씨를 도와주지 않으면 그 아저씨는 어찌할 수 없을

것이라고 했는데요, 그 이유를 설명해보겠습니다. 본문을 읽어보면 차가

잘 다니지 않는 한적한 시골길이라고 하였습니다. 그런데 기영이네가

그 아저씨의 도움 요청을 받아들이지 않고 그냥 가면 어떻게 될까요?

그리고 제가 그 아저씨를 도와주지 않으면 기영이네 가족의 마음이 편하지

못할 것이라고 했는데, 그 아저씨를 무시하면서까지 결혼식에 참석한다면

과연 기영이네 가족의 마음이 편안할 수가 있을까요?

물론 고모가 크게 아쉬워할 수도 있겠지요. 또 상황에 따라 달라져야 하겠지요.

그러나 앞서 말한 것과 같이 견인차를 부르는 방법으로 돕는다면 시간이

많이 걸릴 것도 아닌데 도와주고 가는 것이 더 좋지 않을까요?

다른 사람도 좋고 나도 착한 일을 했다는 생각에 좋을 테니까요.

저는 위와 같은 이유로 안건에 찬성합니다.

어떻게 보셨는지요? 충분하지는 않지만 저는 칭찬을 많이 해주었습니다. 나름대로 이유를 찾고 설명을 하려고 노력하였으며, 상대의 발언을 잘 듣고 품위 있게 반론을 제기하고 있습니다. 물론 반론 고려도 하였습니다. 아쉬운 점으로는 좀 더 정확한 표현과 충분한 설명이 있었으면 하는 정도로 해두었고요. 특히 칭찬해주어야 할 것은 상대방의 이야기를 정말 잘 들었다는 것이겠지요.

토론 수업을 해보며 느낀 점 하나는, 토론이 끝나면 아이들이 스스로를 반성할 수 있게 된다는 점이었습니다. 제게는 놀라운 발견이었는데, 아이들의 수준이 꾸준히 향상되어가는 모습을 보여주어 나름대로 학습 지도에 응용하는 데 어떤 확신 같은 것을 가질 수 있게 해주었습니다.

우리 반에서는 4월부터 일주일에 한 번 정도 날을 잡아 토론을 하였습니다. 교과 학습의 진도도 고려해야 했고 학교의 전체적인 학사 일정이나 흐름에 맞추어야 했으므로, 아이들은 토론 공부가 하고 싶어서 그 시간을 확보하기 위해 집에서 숙제도 많이 한 편입니다. '설마, 그럴 리가?' 라고 생각하실 수도 있겠지만, 토론을 공부하고 얻는 효과에 비한다면 아이들에게나 저에게나 그것이 그리 큰 어려움은 아니었던 것 같습니다. 책이 읽고 싶어 숙제 내달라고 하던 우리 아이들을 기억하시는지요?

실제로 토론을 집중적으로 한 것은 1학기 정도였습니다. 2학기엔 가끔씩만 하였는데, 학교 토론 대회를 준비하면서 참가한 아이들 중심으로는 꽤 깊이 있는 공부가 되었던 것 같습니다.

저는 교단에 서서 한동안은 우리 아이들에게 무엇을 어떻게 가르칠까 하고 고민하였습니다. 그러나 시간이 흐르면서 그보다는 오히려 '아이들은 어떻게, 무엇을 배웠을까?' 하는 것에 더 마음이 쓰였습니다. 이 토론 수업을 진행하던 해에는 저도 배우면서 동시에 가르치는 때였으므로 더욱 그쪽으로 관심이 갔는데, 그때 주간 학급신문에 실린 아이들의 글을 보면서 앞으로 공부하고 또 가르쳐야 할 방향을 정할 수가 있었습니다.

아이들은 과연 무엇을, 어떻게 배우고 있었을까요?

토론을 배우며

난 처음 토론이란 것이 그냥 무조건 우기면 되는 건지 알았다.

학교에서 시험을 칠 때 제일 마지막 문제에 '자기의 생각을 쓰시오.'라고

했을 때도 근거만 들고 근거에 대한 설명을 전혀 적지 않았다. 그런데

선생님은 그냥 썼으면 맞다고 해주셔서 그렇게 쓰면 되는 줄 알았다. 그래서

무엇에 대해 글을 쓰라고 하면 대강 읽고 썼다.

하지만 토론 공부를 하고 나서는 생각이 달라졌다. 일단 글이 말하고자

하는 것이 무엇인지 알려고 하였고 그것 때문에 글을 자세히 읽게 되었다.

또 6단 논법으로 생각해서 읽으려니 꼼꼼히 읽으려고 매우 신경을 써 글이

머리에 오래 남았다. 그래서 정리가 잘 되고 책도 잘 읽게 되었다.

난 우리 반 아이들이 반론 꺾기를 하면서 하는 말 '물론'이란 말이 가장 좋다.

아무래도 자신의 생각과 함께 남을 생각해주는 것 같아 그런 것 같다.

이런 토론 공부를 우리나라 아이들이 모두 할 수 있었으면… 하는 생각이

든다.

나는 우리 반이 아닌 친구가 많다. 그중 친한 친구 셋이 있는데 서로 다른

반이다. 처음 6학년이 되었을 때는 그 반으로 가고 싶었지만 지금은 아니다.

오히려 그들이 우리 반에 왔으면 하는 생각이 매우 많다. 그렇게 되지 않으니

내가 가르쳐주고 싶은 마음이 조금씩 있다. 친구들도 우리 반에 오고

싶어 하는 것 같다.

토론은 우리에게 여러 가지를 주는 것 같다.

첫째는 글을 자세히 읽는 방법, 6단 논법으로 생각하며 읽으려 하니 당연히

글을 자세히 읽는다.

둘째는 남을 잘 이해하게 된다. 남이 말하는 것을 잘 생각하고 또 어떤

이유에서 이런 말을 쓰는지 그런 것들을 생각하니 무조건 자기 말이 옳다는

생각보다 '이럴 수도 있다'는 생각이 들 때도 있다.

셋째는 옳고 그름을 알 수 있다. 자기는 계속 한 생각을 해왔지만 반대로

생각해보면 그럴 수도 있으니 자기의 생각이 틀렸다는 마음도 생길 것이다.

토론이라는 작고도 큰 낱말은 우리에게 참 큰 교훈과 우리가 일상생활에서

쓸 수 있는 지식을 주는 것 같다.

가르친 것보다 더 많은 것을 배우는 아이들

토론을 이용한 주제 탐구 학습

아이들과 토론 공부를 하면서, 저는 토론을 잘하기 위한 토론 수업도 중요하지만 토론을 이용한 학습도 매우 중요하고 효과적이라는 경험을 하였습니다.

처음 토론을 공부할 때는 생각하는 방법을 배우고 논리적으로 정리하는 연습을 하며 토론을 잘하는 것에 초점을 맞추었지만, 어느 틈에 우리 아이들은 공부도 토론을 준비하는 것처럼 하고 있다는 사실을 알게 되었습니다. 어떤 학습 주제가 주어지면 개념 정리에서부터 관련 이론 탐색, 참고문헌 찾기, 반론 고려 등을 하며 폭넓게 공부하려는 모습을 보여주었을 때, 제게는 토론 실력의 배양 못지않은 감동이었으며 기쁨이었습니다. 물론 모든 아이들이 그런 것은 아니었지만 제게는 중요한 변화였으며 많은 것을 느끼게 해주는 의미 있는 모습들이었습니다.

이런 활동을 통해 자연스럽게 유발된 학습 동기를 어떻게 지속적으로 실천할 수 있도록 도울지 함께 고민해보아야겠다고 늘 느끼고 있었습니다. 어떻게 하면 우리 아이들이 스스로 공부하고 혼자 힘으로 문제를 해결하려는 적극적인 의지를 가지고 기대에 차서 학교에 오게 할 수 있을까요?

저는 조금 조심스럽지만 토론 능력을 길러 주제 탐구 학습으로 전개하는 방법이 어떨까 제안해보고 싶습니다.

토론 학습을 통해 우리는 여러 가지 교육적 목표를 한꺼번에 달성할 수 있고, 나아가 현재 우리 교육이 안고 있는 많은 고민들을 해결할 실마리도 찾을 수 있다고 생각합니다. 토론 학습을 해보면 우리 아이들은 정보를 찾고 관련된 지식을 모아 자신의 논리를 뒷받침할 자료를 만들 수 있는 능력, 상대방의 주장을 듣고 그 속에 담겨 있는 내용을 변별하여 문제를 가려낼 수 있는 능력, 자신의 주장을 논리적이고 설득력 있게 말이나 글로 표현하는 능력을 함께 기를 수 있다는 것을 알게 될 것입니다.

그러면 토론에 의해 진행되는 학습이 최대한의 학습 효과를 낼 수 있도록 하려면 어떤 방법과 절차를 따르는 것이 좋을까요?

| 주제 안내와 이해 |

토론의 주제든 학습의 주제든 먼저 선생님께서는 아이들이 주제에 대한 관심과 이해를 가지고 그 의미를 파악하게 하여, 이것이 왜 논쟁거리가

되었고 함께 해결해야 할 문제가 무엇인가를 생각하게 해야 합니다. 그러므로 이 단계에서는 아이들에게 그 주제가 우리의 일상생활과 어떤 관계가 있으며, 이론을 탐구해가는 과정에서 그것이 문제 해결과 어떤 의미를 가지고 있는지에 대해 깊이 생각해볼 수 있게 배려하는 것이 중요합니다. 그리고 가능하면 아이들이 자신의 경험과 연관 짓는 과정을 거칠 수 있도록 이끌어주어야겠습니다.

나아가 주제에 대한 배경이나 관련 학설, 이론, 사례 연구를 개인이나 소집단별로 깊이 탐구할 수 있도록 모둠을 만들게 하거나 찾을 수 있는 길을 함께 고민해주면 더욱 좋겠지요. 사실 엄밀히 따져보면 우리가 학교에서 가르치고 배우는 일들이 모두 이러한 학습의 과정이 아닐까 생각해봅니다.

이 단계에서는 부모님들의 도움도 매우 효과적입니다. 안건을 공지하고 난 뒤 알림장에 협조를 부탁드리는 알림 쪽지를 부모님께 보내드리면 좋겠습니다.

부모님께

요즘 우리 아이들 참 바쁘지요?

책도 읽고 드디어 토론 공부도 시작하였습니다. 혹시 집에 와서 여러 가지 질문들을 하지는 않는지요? 아마 앞으로는 "엄마 아빠, 우리 토론 해봐요."라는 말을 자주 들으시게 될 겁니다. 그럴 때 "어휴, 귀찮아. 공부는 혼자 하는 거야. 혼자 좀 공부할 수 없니?" 하지 마시고 "그게 뭐지?" "왜?" "정말 그래?"라고 우리 아이에게 자꾸 물어봐 주시면 고맙겠습니다.

우선은 우리 아이에게 '주장하는 글의 6하 원칙'에 대한 설명을 들어주십시오. 이 6하 원칙이 무엇인지, 왜 하는지에 대해서요. 그리고 잘 이해가 되지 않는 부분이 있다면 아이에게 질문을 해주십시오. 설명을 잘 못하거나 충분히 설명하지 못하면 다시 학교에 가서 들어오게 하여 부모님께서 이해하실 수 있도록 설명해달라고 요구하십시오. 그리고 토론의 규칙에 대한 설명도 함께 들어주시면 좋겠습니다.

충분히 설명이 되고 나면 토론 방법과 절차를 합의하여 정해서 정리해두고 직접 토론을 해보시면 어떨까요?

아이가 찬성 편이 되어 자신의 주장을 펼 때 부모님은 반대 편이 되어주시고, 다음에는 서로 입장을 바꾸어서 약식 토론을 전개해보는 것입니다. 토론을 할 때 부모님께서는 무엇보다 우리 아이에게 많은 질문을 해주시기 바랍니다. 그리고 다음날에는 반드시 어제의 질문에 대한 답변을 들어주십시오. 그때 사용하는 어휘의 종류와 수준도 주의 깊게 보아주시고, 토론을 통해 우리 아이의 언어 능력이 얼마나 어떻게 달라져 가는지 느껴봐 주시면 고맙겠습니다.

이 공부를 하면서 저는 특히 아버님들께 고맙다는 인사를 많이 받았습니다. 아이와 뚜렷이 대화가 잘 되지 않는다고 느끼고 있던 차에 공통의 화제로 이야기를 나눌 수 있게 되어서 좋았다거나, "우리도 학교 다닐 때 이런 공부를 했더라면 얼마나 좋았을까요?" "어른이 되어서 생각해보니 무엇보다 필요한 공부인 것 같습니다." 같은 인사를 알림장에 보내주셨습니다.

아이들도 찬성이나 반대로 자신의 주장을 고집하는 것이 아니라, 오히려 자신의 생각과 반대의 입장이 되어서 토론에 참여하겠다고 할 정도가 되었습니다. 우리 반의 어떤 아이는 이렇게 말하더군요.

"선생님, 이 안건에 대해 저는 심정적으로는 찬성하는 편이지만, 그렇기 때문에 이번엔 반대의 입장이 되어서 토론해볼래요. 저의 언어 능력 향상을 위해!"

| 주제 탐구 |

다음으로, 주제와 관련된 정보들을 체계적으로 수집하고 가능하면 많은 이론과 지식을 폭넓게 정리하여 자신의 주장을 뒷받침하게 하여야겠습니다. 이때 폭넓은 독서를 한 사람이 더욱 준비를 잘할 수 있겠지요. 참고할 만한 적합한 책을 찾아낸 아이들에게는 칭찬과 격려를 해주고, 슬쩍 예를 들어가며 보충할 방법도 건네주면 좋겠습니다.

선생님께서는 이 단계에서 토론이 단순한 주장의 나열이 아니라, 아이들이 주제와 관련된 지식을 획득하고 조직하고 분석하는 경험을 할 수 있도록 질문하고 격려하는 역할을 하면 좋겠습니다. 이런 경험을 자꾸 하다 보면 독서를 하라는 강조를 더 하지 않아도 아이들 스스로 책을 읽어야겠다고 느끼고 깨우쳐가는 것을 볼 수 있습니다. 연구는 구체적인 문제의식과 강한 동기에 의해 체계적으로 이루어지기 때문에 아이들은 보다 적극적으로 많은 생각을 하게 되는 것 같습니다.

창의성은 적극적으로 생각하고 새로운 것을 생각해내는 데서 발휘된다는 연구결과에 의한다면, 이러한 수업은 아이들의 창의성 향상에도 도움이 될 것입니다. 무엇보다 토론과 같은 의미 있는 활동을 위해 선택되고 조직된 지식들은 단편적으로 주입된 많은 지식들과는 분명 그 가치가 다르지 않을까요?

| 토론 준비 |

이제 주제에 대한 이해, 그리고 관련된 지식과 정보가 잘 정리되었다면, 다음은 토론을 위해 전략적으로 새롭게 조직해야겠습니다. 상대방에 대해서는 논박이 불가능할 정도로 자기 주장의 근거를 사실적으로 밝히거나 증거하고, 판정인이나 방청인에 대해서는 주장하는 바가 최대한 설득력을 지닐 수 있도록 논리적으로 정리하게 해야 할 것입니다. 이때 교사는 토론자가 자신의 주장을 펴는 전략을 세우거나 예상 반론에 대해 사전에 준비할 수 있도록 상대방의 입장에서 질문하고, 또 같은 편의 토론자들을 지지하는 논리적 근거를 더 깊이 생각해보도록 지도할 수

있으면 좋겠습니다.

이 단계에서 우리는 일차적으로 글쓰기를 함께 하였습니다. 자신의 주장을 6단계의 원칙에 맞추어 글로 써보면서 논점을 보다 분명히 할 수 있고, 정해진 시간 안에 자신의 생각을 효과적으로 전달하기 위해서는 글을 어떻게 조직해야 하는지 고민하게 됩니다. 이것은 토론 못지않게 중요한 과정이며 반드시 거쳐야 하는 준비라고 할 수 있겠습니다.

그리고 토론 공부를 처음 시작할 때는 이때 준비한 원고를 보며 토론에 참여하도록 하였습니다. 앞에 나서서 말하기 거북해 하는 아이들을 어떻게 하면 부담 없이 토론에 참여하게 할까 하는 것이 그때의 제게는 중요한 숙제였던 기억이 납니다.

| 토론 전개 |

다음, 이제 드디어 토론의 장이 펼쳐집니다. 토론의 현장은 긴장과 흥미가 함께 어울리면서 진행되는 사고력 형성의 장이 될 것입니다. 준비하고 계획한 대로 잘 진행되기도 하지만, 때때로 생각했던 것과는 다른 결과가 나올 수도 있을 것입니다. 그러나 찬반 토론을 통해 아이들은 상대팀의 비판이나 공격에 능숙하게 대응하는 순발력과 유연성을 배우게 될 것이며, 상대팀의 공격적인 발언에 대해 자신의 감정을 조절하고 인내하는 가운데 서로를 정중하고 예절바르게 대해야 한다는 것을 경험하게 될 것입니다.

또한 같은 팀 토론자들이 실수를 했을 때 그에 대한 관용의 태도와 협동 능력을 배우게 되는 학습의 장이 될 수 있을 것입니다. 저는 이것을 '토론맨십'이라고 하여 특히 강조하였는데, 나중에 있을 심사에서 팀워크를 평가하는 근거가 된다는 것도 알려주면 좋겠습니다.

|결과 해석과 반성|

토론이 끝난 뒤에도 그 결과에 대해 돌이켜보는 것은 매우 중요합니다. 성공이든 실패든 그 원인을 검토해보고, 토론 자체에 대해서도 평가해보는 기회를 가져야겠습니다. 토론에 적용되었던 전략과 기법에 대한 반성과, 토론자가 발언한 내용에 대한 진지한 검토가 있어야겠으며, 무엇보다 우리가 토론을 통해 무엇을 배웠는지를 생각해보는 기회가 되었으면 좋겠습니다.

토론을 통해 우리가 어떤 새로운 내용을 알게 되었는지, 바람직한 결론을 얻어야 한다면 무엇이어야 하는지를 함께 생각해보고, 토론이 승패를 결정짓는 경기가 아니라 서로를 성숙시키는 기회였음을 토론에 참여한 우리 모두가 깨닫도록 하는 성찰의 시간이 필요합니다. 또한 다음 토론을 위한 계획도 이 시간에 한다면 훨씬 효과적인 준비가 되지 않을까요?

그러나 이것으로 토론이 완전히 끝난 것은 아닙니다. 이제 글쓰기로 이 과정을 마무리해야 합니다.

우리 반에서는 토론에 참여한 사람, 부심사관으로 참가한 사람도 토론이 끝나면 모두 그 안건에 대해 6단계의 원칙을 생각하며 글을 쓰게 하였습니다. 자신의 생각이 변화해간 과정을 최종적으로 정리하는 의미도 있고, 토론에 참여하지 않은 많은 아이들의 글을 보며 개별 지도를 할 수 있기 때문이지요.

창의적이고 타당한 이유를 들어 주장을 전개해간 글이나, 설명이 훌륭한 글, 반론 고려가 뛰어난 글, 어느 한 군데라도 남다른 생각이 들어간 표현은 다음날 전체 아이들에게 읽어주면서 다시 한 번 생각해보는 기회를 가졌습니다. 이런 과정을 통해 모든 아이들이 직접 토론에 참여하지는 않았더라도 많은 것을 배우고 충분히 격려와 칭찬을 받고 있다는 느낌을 가지도록 하려고 애썼습니다. 그렇지만 늘 충분히 만족스럽지는 못했음도 사실이며, 아쉬움이 남는 부분이기도 합니다.

고맙습니다.

'독서토론, 6단 논법, 요약…'

처음엔 뭐가 뭔지 몰랐다. 지금까지 해본 토론이야 고작 친구들과 안건 가지고 두 패로 나누어 의견 말하고 반박하고, 또 학급회의, 토의 이런 것밖에 해보지 못했던 나에게 독서토론은 무척 새로웠다. 갈수록 재미와 흥미를 더해간다. 흔히 나에게 재미있고 흥미있는 것은 얻는 것이 조금밖에 없는데 '독서토론'을 해서는 얻는 것이 무척 많다.

6학년이 되어 새로 접하게 된 독서토론, 그게 나에게 어떤 도움을 줬는지 생각해보았다.

독서토론을 하고부터는 사물을 자세히 보려 했고 차츰 그렇게 보게 된다.

독서토론에서 자기의 주장을 잘하기 위해서는 교재를 제대로 꼼꼼히 봐야

하기 때문이다. 대충 보다가는 상대편 질문에 코가 납작해지기 마련이다.

그리고 발표력도 늘었다. 설명을 잘해서 듣기 좋게 해주려고 노력하다 보니

조금씩 조금씩 말하는 능력이 늘었다.

또 급한 상황일수록 침착해지는 것도 배웠다. 질문을 받을 때, 시간 제한

때문에 허둥대기 일쑤인데, 그렇게 하면 제대로 답변을 할 수가 없어서

침착해지려고 애썼다. 아직 잘 되지 않지만 조금씩 고쳐가고 있다.

무슨 일이 있을 때, 또는 책을 읽을 때 그 사건, 상황에서 그냥 지나치지 않게

되었다. 반대로 생각해보기도 하고, 이게 옳을까 옳지 않을까를 따져보고,

나라면 어떻게 할까 생각도 해봤다.

내 생각을 6단 논법으로 머릿속에 착착 정리했다. 친구들과 얘기를

나눠보기도 했는데 이 때문에 깊이 생각하는 시간과 힘이 늘었다.

생활하면서 의견이 대립할 때 정당한 이유로 내 주장을 말하고, 상대방을

설득시킬 수 있는 방법을 배우고 만들어가고 있다. 내 의견에 대한 자신감도

생겼다.

이런 걸 왜 이리 늦게 배웠을까?

아쉽다. 하지만 지금이라도 배우게 되어서 정말 다행이다. 이렇게 좋은 것을

우리만 배우기엔 너무 아깝다. 빨리 퍼져서 우리나라 모든 사람들이 배웠으면

한다. 멋진 미래를 위해서….

독서토론을 지도해주신 우리 선생님께 깊이 감사드린다.

'선생님, 고맙습니다.'

1학기 동안 토론을 공부한 우리 반 아이의 글입니다. 아이들의 글을 보면 저는 늘 '내가 가르친 것보다 더 많은 것을 배우는 우리 아이들'이란 생각이 듭니다. 정말 고마운 일이지요.

모두가 참여하는 토론 교실

집중 토론 학습

자신의 생각을 논리적으로 정리하고 토론하는 방법을 익힌 우리는 일주일에 하루씩 시간을 내어 집중 토론 학습을 하였습니다. 안건은 일주일 전에 정해졌으며, 원칙적으로 학급의 모두가 참여하는 것으로 하였으나, 처음에는 희망하는 사람이 토론자와 사회자가 되고 나머지 아이들은 부심사관이 되어 심사를 하는 것으로 참여하도록 하였습니다.

많은 사람들은 토론 학습을 이야기할 때 '일부 아이들에게만 좋은 학습 방법이 아닌가?' 라고 우려하기도 합니다. 물론 일리 있는 지적이긴 하지만, 그 때문에 토론 학습을 받아들이는 데 주저할 일은 아니라고 생각합니다. 그러면 토론 학습을 진행할 때 최대한 학급의 모든 아이들이 고루 참여할 수 있도록 하려면 어떻게 해야 할까요?

처음에는 생각하는 방법과 토론의 규칙이나 절차 같은 '토론 학습 방법'을 다 함께 공부합니다. 그리고 어느 정도 준비가 되면 본격적으로 토론을 시작하는데, 이때는 먼저 희망자가 참여하는 대표 토론을 합니다. 물론 나머지 아이들은 부심사관으로 참가하며, 토론이 끝나면 주장하는 글쓰기를 통해 모두 토론에 참여하게 되지요.

이런 토론이 몇 번 이어지면 자연스레 토론에 참여하겠다는 희망자가 늘어나고 또 질문자로 참여하기도 하여 많은 아이들이 토론을 경험하게 됩니다. 그러나 아무리 좋은 학습도 강요하면 아이들에게 부담을 주게 되어 오히려 반감을 갖게 되는 것 같습니다. 조금은 긴 호흡을 가지고 아이들이 스스로 참여할 때까지 기다려주고 격려해주는 학급 분위기가 되도록 먼저 애써야겠다는 생각이 듭니다.

그리고 아이들의 성향도 다 다르기 때문에 처음에는 역할 중심으로 접근하는 것도 좋겠습니다. 발언에 자신이 있는 아이도 있고 질문을 잘하는 아이도 있으며, 나중에 써낸 글을 보고서야 그 아이의 깊은 생각을 알 수 있을 정도로 내향적인 아이도 있으므로, 있는 그대로의 아이들의 모습을 인정해주고 자연스럽게 토론에 참여하도록 이끌어주면 좋겠습니다. 말을 잘하는 아이는 잘하는 아이대로, 말이 없는 아이는 말이 없는 대로, 아이들 모두가 있는 그대로 존중받는다는 느낌을 갖게 되는 그런 교실이 되는 것이 중요하다는 생각이 듭니다.

얼마 전에 읽은 책에서, 위대한 기업을 이끄는 최고 경영자 중에는 말이 적고 내향적인 사람이 더 많다는 분석 결과를 본 기억이 납니다. 말을 잘하는 것도 중요하지만, 어떤 생각을 가진 사람인가가 더 중요하지 않을까 합니다. 토론 후 글쓰기를 하고 나면 우리 반 아이들은 모두 서로의 글에 지대한 관심을 나타내기도 하였습니다. 특히 말이 없는 아이들의 글에.

토론 수업을 해보면 사실 토론자로 참가하는 것보다 부심사관으로 참관할 때 더 많은 생각을 하게 되고 더 많은 것을 배우게 된다는 것을 알게 됩니다. 우리가 토론 학습을 통해 기르고자 하는 것이 말을 잘하게 하는 것뿐만 아니라 나아가 아이들의 생각하는 힘을 길러주고자 하는 것이라면, 토론 학습이 진행되는 학급을 바라보는 시각에도 조금은 여유가 생기지 않을까요?

어느 정도 토론 학습이 진행되어 익숙해지면 부심사관의 역할을 맡은 아이들의 흥미와 집중력이 떨어지는 때가 오는데, 그때가 되면 부심사관인 아이들이 모두 질문자가 되는 토론 학습을 전개해도 좋겠습니다. 대표 토론자들의 주장을 듣고 토론자에게 직접 질문을 하도록 하는 것입니다. 우수한 질문자에게는 물론 토요잔치 초대권이 준비되어 있어야 하겠지요?

이제 아이들의 토론 수업에 대한 집중도가 높아지고, 듣고 이해하는 수준의 향상이 눈에 보일 정도가 되었습니다. 때로는 부심사관인 아이들 중에서 토론 학습에 다소 소극적인 아이 한 사람씩을 정해 심사평을 해보게 하는 것도 좋았습니다.

학급 토론에서 할 수 있는 마지막 단계는 모둠별 토론 대회라고 할 수 있겠습니다. 토너먼트 식으로 진행하여 최종 우승팀을 뽑도록 하면 일주일에 한 번씩 해도 거의 한 달 이상이 걸리는 학급 토론 대회가 됩니다. 그러면 모든 아이들이 토론에 참여하게 되겠지요. 이때는 팀 토론의 원칙과 운영 방법을 확실하게 학습할 수 있도록 앞에서 말씀드린 내용을 사전에 준비하여야 할 것입니다.

1년간 꾸준히 토론 학습을 전개해보면 우리는 우리 아이들에게서 그동안 미처 알지 못했던 많은 점들을 발견하게 됩니다. 그리고 무한한 가능성을 보게 됩니다. 토론을 준비하는 과정에서 아이들이 보여주는 뛰어난 협동심, 토론 대회의 생생한 경험을 위해 스스로 탐구하고 준비하는 자발성, 성공과 실패의 경험을 통해 얻게 되는 더 높은 성취 욕구, 배우면서 동시에 모둠의 다른 아이들을 도와야 하는 상황에서 얻게 되는 학습 능력의 향상은 어떤 학습 방법보다 효율적이라는 생각이 들었습니다. 왜 그럴까요? 그것은 아마도 학습 방법을 학습할 수 있었던 데 있는 것 같습니다.

이제 차근차근 구체적으로 학급에서의 토론 학습 전개를 순서대로 정리해보겠습니다.

| 안건 정하기 |

토론을 지도하자고 하면 선생님들은 안건을 어디서 찾아야 할까 걱정들을 많이 하십니다. 요즘은 각 학교마다 토론을 많이 하기 때문에 다양한 자료들이 나와 있으니 이를 참고해도 좋고, 우리 학급에서 일어나는 문제나 교과서에 나와 있는 토론 교재를 사용해도 좋겠습니다. 만약 아이들이 5학년이라면 4학년 교과서의 내용 중에서 가져오고, 6학년이라면 5학년 교과서에서 가져오는 것이 더 효과적이었다는 기억이 납니다. 잘 살펴보시면 국어, 사회, 도덕, 과학, 수학까지 참으로 다양한 교과들에서 재미있는 안건들이 나올 수 있습니다.

| 자리 배치하기 |

토론에 참여하고 싶은 사람의 희망을 받아 찬성 팀과 반대 팀으로 나누어 진행하면 되겠습니다. 자리 배치는 토론의 성격에 맞게 하는 것이 좋은데, 우리 반에서는 사회자를 중심으로 나란히 앉되 사선이 되게 줄을 맞추어 앉는 방식을 선택하였습니다. 토론자끼리 마주 보면 대결하는 듯한 느낌이 든다는 아이들의 의견을 받아들여, 상대팀 토론자도 보면서 원칙적으로는 부심사관이자 청중인 아이들을 대상으로 토론을 전개하도록 하였습니다. 심사관은 부심사관인 학급 아이들의 뒤에 앉으면 좋을 것 같습니다.

이 토론에서 사회자는 일반적으로 정해진 순서대로만 진행하면 되기 때문에 그 역할이 크게 부담스럽지 않습니다. 우리 반에서는 주로 말하기에 자신이 없다고 생각하는 사람이 맡도록 하였는데, 평소에 아주 말이 없거나 간간이 한마디씩 하여 우리를 웃겨주는 친구를 추천하여 맡기곤 하였습니다. 한번은 발표 시간에 말하기를 꼭 책 읽듯 하는 친구에게 맡겼습니다. 마치 글을 읽듯이 진행하는 바람에 어찌나 재미있던지 나머지 아이들도 흥겨운 분위기 속에서 토론을 할 수가 있었습니다.

　사회자는 준비되어 있는 원고를 몇 번 읽어보거나 원고를 보면서 진행하면 되기 때문에 번갈아가며 누구나 한 번씩 해보게 하는 것도 좋겠지요. 처음 토론을 할 때는 선생님이 사회자의 역할을 한번 해 보이는 것도 좋은 것 같습니다.

| 자기 소개하기 |

특별히 정해진 양식이 있는 것은 아닌 것 같습니다. 우리 반에서는 사회자의 진행 순서에 따라 자리에서 일어나 "찬성 팀 토론자 ㅇㅇㅇ입니다." "반대 팀 토론자 ㅇㅇㅇ입니다." "반대 팀 질문자 ㅇㅇㅇ입니다." 라고 말하며 정중하게 인사하는 것으로 간단히 소개하였습니다.

| 토론자 |

처음에는 단순히 자신의 생각을 6단 원칙에 충실하게 정리하여, 발언 순서와 시간에 맞춰 발표하는 토론을 전개하였습니다. 물론 질문자도 없었지요. 부심사관이나 심사관은 양 팀의 주장을 듣고, 어느 팀이 토론 내용의 전개 원칙에 충실하였는지를 판단하여 승패를 결정하면 되겠습니다. 이렇게 몇 번 진행하면서 서서히 앞에서 설명해드린 토론자의 역할과 토론 전개 원칙을 하나씩 익혀가면서 원고를 준비하고 토론에 참가하게 하면, 한 번씩 할 때마다 달라지고 좋아지는 아이들의 토론 실력을 보게 될 것입니다.

| 부심사관 |

토론을 지켜보는 아이들이 단순히 청중으로 참가하기보다는 부심사관으로 참가하도록 하는 것이 토론을 학습의 장으로 활용하는 데 더욱 효과적인 것 같습니다. 심사 기준을 명확하게 제시하여 아이들 나름대로 판정을 해보도록 하면, 참여 열기도 높고 토론의 장은 더욱 흥미진진해집니다. 그러나 선생님께서는 아이들이 내린 판정 결과를 경청은 하지만 반드시 그것에 의존하지는 않아도 됩니다. 우리 반에서는 어느 정도 익숙해졌을 때 아이들 중에서도 심사평을 준비하게 하여 들어보기도 하였습니다. 심사평을 해보면서 아이들은 또 다른 경험을 하게 됩니다.

학급에서 이루어지는 토론은 일반적으로 선생님 혼자 심사를 하게 됩니다. 이럴 때는 심사관으로서의 역할이 매우 많아집니다. 토론의 처음부터 끝까지 아이들의 발언에 대해 장점과 오류를 밝혀내야 하므로, 메모를 하면서 꼼꼼하게 들어야 합니다. 그리고 토론자와 부심사관, 사회자 모두에게 적절한 평을 하여 학급의 모든 아이들이 맡은 역할에 대하여 심사관의 역할을 해야 합니다.

심사관 역할도 처음엔 매우 힘이 들지만 토론을 거듭할수록 짧은 시간에 보다 많은 것을 보고 판단할 수 있는 안목이 생기는 것 같습니다. 처음에는 토론자를 격려하기 위해 발언을 들으며 고개도 끄덕여주고 안타까운 눈빛도 보내게 되지만, 점점 담담한 표정으로 끝까지 듣게 되는 여유도 생깁니다.

사회자의 진행으로 토론이 마무리되면 선생님과 함께 수업 전체를 정리해야 합니다. 이때 우리는 토론 경기에서 이긴 의견이 반드시 옳은 의견은 아니며, 졌다고 해서 틀린 의견이 아님을 분명히 해야 할 것입니다. 그리고 우리가 이 토론 경기를 통해서 얻으려고 한 것이 무엇이었는지 다시 되돌아보는 것으로 수업을 마무리하면 좋겠습니다.

이제 우리 반에서 해본 토론 주제들을 몇 가지만 소개해보겠습니다. 처음 '산타클로스는 있는가?' 로 공부한 후 다룬 주제들입니다.

- 영미는 그래도 동생 영호를 사랑하고 아껴야 하는가?

- 텔레비전을 없애야 하는가?

- 사랑의 매에 대하여

- 잃어버린 그물

- 아빠의 사랑에 대한 영애의 생각에 대하여

- 자장면 값은 지불해야 한다

- 기영이네가 아저씨를 돕는 문제

- 휴대전화 사건

- 훈장님의 거짓말이 더 나쁘다

- 사자가 사슴을 잡으려고 한 것은 잘못이다

- 가정 학교는 부정적으로 보아야 하는가?

- 《하느님의 눈물》을 읽고 돌이 토끼는 풀무꽃풀을 먹어야 한다

- 형이 금덩이를 버린 것은 잘한 일이다

- 생명공학이 발달하면 환경오염 문제는 해결될 것이다

    이 안건들은 모두 읽을거리가 있어서, 먼저 읽고 함께 요약해본 뒤 안건을 찾아내어 토론하는 방식을 선택하였습니다. 틈틈이 학급에서 일어나는 사소한 문제를 안건으로 하여 약식 토론도 하였는데 아이들은 더욱 재미있어 하였습니다.

스릴 넘치는 **친선 경기**

학급 토론 대회

학급 토론 대회도 가끔 해볼 필요가 있겠습니다. 운동에도 친선 경기가 있듯이 말이지요. 실제 대회를 하듯이 시간과 절차를 정해서 하고 시상식도 하면 아이들은 더욱 좋아합니다. 우리 반에서는 토론에 진 팀이 이긴 팀보다 더 크고 좋은 상품을 받는 것으로 하였지만, 그래도 아이들이 이기려고 하는 것을 보면 역시 물질적인 가치보다 정신적인 가치가 큰 것일까요?

| 질문이 있는 토론 |

몇 번의 토론 수업을 통해 자신의 주장을 논리적으로 펴는 연습을 하였다면, 이제 질문이 있는 토론을 함으로써 대결의 긴장감을 높이고 아이들의 언어 능력을 한 단계 끌어올리는 수업을 전개해보아야 합니다.

찬성–반대의 발언을 한 차례씩 주고받는 1회전이 끝나고 나면 각각 작전 시간을 갖고 질문을 찾아내게 합니다. 상대편의 질문이 끝나면 다시 작전 시간을 갖고, 다음 토론자가 질문에 대한 답변을 준비합니다. 이때 팀워크가 매우 중요합니다. 다음 토론자는 질문에 대한 답변을 먼저 하고, 이어서 자신이 준비한 주장을 펴나갑니다.

질문은 1, 2회전에서만 할 수 있게 하였는데, 보통 한 팀에 다섯 명씩 참여하여 3회전으로 진행하였습니다. 가능하면 많은 아이들을 토론에 참여시키고자 할 때 효과가 있는 방법이었습니다. 이러한 방식의 토론은 일반 토론에서 볼 수 있는 질의응답 시간의 긴장감 있는 과정과는 조금 다르다고 보면 되겠습니다. 그러나 토론의 절차가 매우 절제되어 있기 때문에 짧은 시간에 많은 생각을 하여 답변을 준비해야 하므로 토론자들 간에는 매우 흥분되는 순간이기도 합니다.

이 방식과는 조금 다르게 질문과 답변이 즉각적으로 오고 가는 형식의 토론에서는 자칫 감정적인 흥분 상태에서 안건을 벗어난 질문과 응답, 말꼬리 잡기, 단순 공격을 위한 질문, 점수 따기 위한 질문들이 오가게 되는 경우가 많습니다. 그래서 저는 가능하면 그 방법은 지양하려고 하였는데, 과거에 토론하다 다툰 경험이 많았던 우리 아이들은 기꺼이 동의해주었습니다.

|짬짬이 단식 토론|

가끔씩 즉석으로 일대일 토론을 한다든지, 미리 예고하여 준비하게 하는 정규 단식 토론도 아이들은 재미있어 하였습니다. 특히 토론에 관심이 많고 즐기는 아이가 있거나 대표 선수를 선발하는 것과 같은 일이 있을 때, 준비할 시간이 많지 않을 때 한 번씩 해보는 것도 좋을 것 같습니다.

토론에 참가하는 사람은 선생님과 사회자, 토론자 두 명, 모두 네 명이면 됩니다. 찬성 주장 3분과 반대 주장 5분, 그리고 찬성 반론 5분과 반대 반론 3분으로 진행하였는데, 처음에는 3분 동안 말하는 것이 너무 길다고 하던 아이들도 어느 정도 토론을 하고 나면 시간이 너무 짧다고 말하는 날이 옵니다. 그러면 시간을 5분, 7분으로 늘려서 해보는 것도 또 다른 재미였습니다. 또 원고를 미리 준비하지 않고 메모만 하며 토론하는 식으로 진행하면 아이들은 더욱 흥미진진해 하는 것 같았습니다.

|반박이 있는 토론|

이 토론은 이제 본격적인 질의응답식 토론의 방법과 절차를 따라 진행하는 단계라고 보면 되겠습니다. 이 토론 방식을 적용하려고 할 때는 토론 전개의 원칙과 토론 참가자의 역할을 완전히 이해하고, 모든 참가자들이 충분히 연습한 후에라야 가능할 것 같습니다.

사실 이 정도의 수준 있는 토론을 전개하려면 상당한 연습이 필요합니다. 현실적으로 학급에서 다른 교육 과정을 다 다루면서 토론을 이만큼 해내기란 쉽지 않은 일인 것 같습니다.

이러한 토론을 1년간 배운 아이들에게는 참 좋은 공부가 되었습니다. 우리 반 아이 중 하나가 졸업을 준비할 즈음 1년을 돌아보며 쓴 글을 학급문집에서 찾아보았습니다.

토론 공부!

이건 초, 중, 고, 대학교까지 과목으로 있었으면 좋겠다. 모든 공부의 기본이 되는 것 같다. 언어, 자신감, 논술, 생각, 마음 등 많은 기본 요소가 깔려 있는 것 같아서이다. 난 더욱이 토론 대회에 나가서 더 뜻이 깊다.

밤 12시 기본, 2시, 3시가 될 때까지 공부하고, 공부하다 쓰러져 자고, 그만큼 특별했다.

또 글도 잘 쓰게 된다. 이렇게 쓰면 이렇게 되는데, 그럼 '이건 왜 이러지?' '아하, 이거', '그래, 이것을 쓰자' 하며 생각을 많이 하게 되었다.

그리고 글도 잘 읽게 되었다. '누구나 '글? 그서 읽는 건 쉽잖아.'라고 말하겠지만 우리 반 앞에선 쪼까 힘들 것이다.

글만 읽는 것이 아니라 '글의 요지', '글쓴이의 생각' 그런 것을 생각하며 읽는데도 그 누구와 속도를 비교해도 뒤지지 않는다.

난 이렇게 세 가지로 덕을 보았다. 그래서 이 공부가 좋다.

어떤 아이는 졸업을 앞두고 작은 논문을 써내야 했을 때 '토론의 멋과 재미'를 주제로 하여 썼습니다. 연구 동기를 밝히는 부분에서 아이는 '컴퓨터 오락보다도 스릴 넘치는' 공부라고 하였습니다. 무엇이 우리 아이들을 이렇게 빠져들게 하였을까요?

다행히 제가 한때 일했던 학교에서는 4, 5, 6학년 전 학급이 참여하여 1년에 한 번씩 환경 대토론회를 열었습니다. 해마다 12월 초순에 열렸는데, 우리 반은 그 대회를 준비하면서 아이들의 토론 실력이 비약적으로 발전한 것 같습니다. 대회 규모도 크고 거의 학교 전통이 되다시피 했기 때문에 고학년 아이들은 모두 관심 있어 하였습니다.

우리 반에서는 처음에 모둠별로 참가하는 학급 토론 대회를 열어 학급 대표를 선발하였는데, 학급 대표끼리 모여 열린 대회에서 승리하여 학년 대표로 선발이 되었습니다. 그때부터 우리 반 아이들은 그야말로 치열하게 준비를 했던 것 같습니다. 학년 대표로 뽑힌 그때가 10월 말이었으니 약 한 달간의 준비 기간이 있었던 셈입니다.

토론 안건이 정해지는 과정과 자료를 준비하고 함께 공부한 내용이 아이들의 '토론 대회 참가기'에 자세하게 나와 있습니다. 토론 공부의 효과와 반응, 그 경과에 대해 아이들이 어떻게 느끼는가 하는 것이 가장 중요하다는 생각이 들어 잠깐 소개합니다.

토론 대회에 참가한 아이들은 찬성 팀 3명, 반대 팀 3명, 사회 1명, 모두 7명이었습니다. 생각과 느낌이 모두 달라 다 소개하고 싶지만 각각 한 편씩만 골랐습니다(내용의 중복이 많지 않은 글들을 골라냈을 뿐입니다).

먼저 찬성 팀 토론자의 참가 소감 중 하나입니다.

'생명 공학'

사실 이번 토론을 시작하기 전까지는 생명공학이 무엇을 뜻하는지도 몰랐다.

그래서 이번 토론에 큰 관심을 가졌고 그만큼 그 분야에 대해 많은 지식을

얻을 수 있었다.

우리가 이번 토론을 준비하기까지는 많은 노력이 뒤따랐다. 밤늦게까지

교실에 남아 토론 준비를 한다든지 매일 관련 자료를 뽑는다든지…

내가 이제껏 학교생활을 하며 이렇게 한 분야에 대해 많은 시간을 투자하여

생각해본 적은 없었다. 그래서 가끔 힘이 든다는 생각을 하기도 하였지만

선생님의 이야기와 여러 자료들을 보니 굉장히 재미있고 흥미로워 관심이

아주 많이 갔다.

이 토론을 시작하기 전에는 불치병 치료, 기아 문제, 환경 문제, 이 모든 것이

생명공학, 유전자 조작 기술의 발달로 다 해결될 수 있다는 주위 의견을

많이 들어 '아, 그렇구나.'라고 생각하였다.

하지만 긴 시간 동안 여러 자료를 통해 접해보니 생명공학이 이 모든 것들을

해결해줄 수도 있겠지만 그 뒤의 이야기는 아무도 알 수 없다는 사실을 알게 되었다. 그 속에는 우리가 생각하는 것보다 훨씬 큰 위험이 있을 수 있다는 것이다.

나는 토론을 하며 생명공학은 꼭 발전시켜야 한다고 말했지만 토론을 하며 가끔씩 '제발 발달되지 않고 그냥 이대로라면…'이라는 생각이 참 많이 들었다. 하지만 현재 상황으로는 이미 예전으로 되돌리기에 늦었다고 한다. 이 지구상에 여러 해결되지 못한 문제점들이 많다 하더라도 큰 위험이 뒤따르고 훗날의 일을 아무도 모르는 생명공학만큼은 발달되지 않았으면 좋겠다.

토론을 하며 느낀 점이 참 많았다. 우리는 40분이라는 짧은 시간 동안 아직 우리 눈앞에 펼쳐질 일들을 모르는 사람들과 아이들에게 현재의 실태를 확실하게 알게 하고 생각하도록 하는 데 중점을 두었다. 하지만 우리들의 말이 어려워 잘 이해하지 못하거나 지겨웠던 사람들이 많아 안타깝기도 하였고 어렵게 한 데 대해 반성도 되었다.

물론 부족한 점도 많았지만 우리 스스로가 문제점을 인식하고, 스스로 원고 준비하고, 발표까지 한 것이 뿌듯하고 토론과도 친해졌다.

생각하는 힘이 길러지는 토론을 다른 학교에서도 많이 하였으면 좋겠고 지겨웠겠지만 끝까지 지켜봐 준 여러 친구들, 선생님, 학부모님들께 감사드린다.

그리고 반대 팀 토론자의 참가기입니다.

맨 처음 환경 토론회의 주제를 정할 때 우리는 '과학이 발달하면 환경오염 문제는 해결될 것이다.'라는, 일반 사람이 듣기에는 '저게 뭐 환경 문제야.'라는 질문을 할 정도로 터무니없는 안건을 정했다.

우리도 이 토론을 준비하던 처음에는 그 질문에 대한 해답을 찾기 위해 한동안 고민을 했었다. 그리고 그 이유로 '지금은 눈에 보이지 않지만 그것이 더 쌓이고 쌓여 미래에 더 심각한 환경오염 문제가 될 수 있기 때문'이란 것을 알아낼 수 있었다.

난 그 말을 듣고 반대 팀이 된 것이 다행이라고 생각했다. 솔직히 난 이 토론을 하기 전만 해도 유전자 조작, 생명공학의 발달을 매우 찬성하는 입장이었다. 하지만 책을 읽고 자료를 찾고, 전문가와 메일을 주고받으며 나의 생각을 점차 '반대' 쪽으로 굳혀가기 시작했다.

또한 유전자 조작 기술이 우리 생활 속에 몰래 스며들어와 사람들의 입 속에 들어가고 있다는 사실이, 내가 이 의견에 반대해야겠다는 생각을 확실히 하게 해주었다.

두부나 콩들은 그냥 먹으면 먹는 것이었지 그것들이 유전자 조작으로 만들어져 차려졌다는 것은 정말 상상도 하지 못하였다.

지금 우리나라에선 셀 수 없는 숫자의 사람들이 그 사실을 모르고 그것들을 먹거나 사고 있다는 상상을 해보니 이제까지 우리는 뭘 하며 살았나 하는 생각이 들 정도였다.

그렇다고 해서 꼭 유전자 조작이나 생명공학이 어두운 미래만을 줄 것이라는 생각은 하지 않는다. 난 그 영향이 사람들의 올바른 판단으로 결정될 것이라고 굳게 믿고 있다. 각자의 생각은 모두 자유니까 말이다.

이런 많은 생각들을 하면서 우리는 이번 토론회를 성황리에 마칠 수 있었다. 많은 시간을 웃음과 장난으로 보낸 것 같지만, 우리들 가슴에는 이번 토론회를 준비하기 위한 진지한 생각들이 묻혀 있었던 것이다.

실제로 준비했던 것보다는 그렇게 잘하지는 못했지만 모두들 식은땀을 흘리며 웃고 있던 것이 기억난다.

우리들의 토론을 평해주신 교수님의 말씀 중에 '토론은 생각의 충돌이다.' 라는 것이 있었다. 하지만 나는 그렇게 공격적으로 말할 수만은 없다고 생각한다.

토론은 톱니바퀴처럼 많은 생각들이 맞물려 돌아가면서 서로 존중하고 세상을 더욱 좋은 방향으로 이끌어가는 하나의 생활 방식이라고 생각한다.

우리들의 얘기를 들으신 모든 분들이 '어느 쪽이다'라고 결정을 내리기 전에 그러한 생각들을 기억해주셨으면 하는 바람이다.

아울러 나에게 좋은 기회를 주신, 그리고 격려를 아끼지 않았던 우리 선생님과 6학년 4반 친구들, 우리 가족 모두에게 깊은 감사와 사랑을 보낸다.

그리고 우리 토론의 사회를 맡았던 아이의 참가기입니다.

작년에 이어 두 번째로 갖는 환경 토론회였다. 이번엔 항상 보고 듣는 그런 환경 이야기가 아니라 뭔가 색다르면서도 절실한 것이 없을까 생각하고 있는데 선생님께서 조심스럽게 '생명공학'이라는 주제를 내놓으셨다.

처음엔 우리 토론자들 모두 미래의 과학이라는 생명공학이 너무 어렵다는 생각이 들었지만 과연 생명공학과 환경은 어떤 관계가 있을까 궁금해지기 시작하면서 하나 둘 찬성하기 시작하여 만장일치로 생명공학을 택하였다.

우리는 우리 반이 1년 동안 선생님과 함께 기초를 다져왔던 신세대 토론의 형식을 빌려 생명공학의 발달이 환경 보호에 미치는 영향에 대해 찬, 반 토론을 벌이며 우리의 토론 과정을 보고 사람들이 스스로 그 결론을 맺을 수 있도록 이해를 돕는다는 쪽으로 방향을 잡았다.

한 달 동안 우리는 매일같이 모여서 때로는 밤 10시가 되고 11시가 되기까지 선생님과 함께 머리를 맞대고 토론하였다. 각자 인터넷에 매달리고 관련 책자와 신문을 뒤적거리며 전문가의 조언이 필요할 때 박병상 박사님(《파우스트의 선택》 저자)과도 자료를 주고받았다. 자신의 주장을 펴기 위해 서로 질문하고 답하며 또 토의하면서 1번, 2번… 8번, 9번까지 원고를 수정하기도 했다. 결코 쉬운 일은 아니었다.

우리가 알아야 남을 이해시킨다는 생각으로 수많은 시간을 생명공학에 대한 이해의 시간으로 보냈고 그 다음 생명공학과 환경에 관한 관계를 긍정적인 면과 부정적인 면으로 함께 파헤쳐 갔다. 힘들고 짜증날 때도 많았지만 생명공학이 우리 생활에 직접, 간접적으로 영향을 끼친다는 사실을 알게 된 이상 도저히 도중에 손을 뗄 수는 없었다.

지금 생각해보면 실제 환경 토론회를 가졌던 그 40분보다 그것을 준비해오며

우리가 서로 질문하고 답하며 토론하고 자료를 수집하며 설문 조사를 하던

그 과정이 훨씬 더 소중했다는 생각이 든다.

한편으론, 우리에게 너무 어려운 주제를 잡았던 것이 아니었나, 그래서 듣은

이들에게 쉽게 공감을 주지 못한 점이 있지 않냐는 지적도 있었지만 우리는

정말 열심히 했고 그러면서 많은 걸 알게 되었다.

더 정확하고 많은 자료를 보여주지 못해 아쉬웠지만 이 기회를 통해 많은

사람들이 막연히 미래의 기적이라는 신비의 학문으로나 생명공학을

알지 말고, 생명공학의 발달이 가져올 여러 가지 후유증도 함께 생각할 수

있는 기회가 되었으면 좋겠다. 그것이 바로 우리가 준비해온 토론의 보람일

테니까 말이다.

　　토론 대회의 우승 상품 외에 덤으로, 교장 선생님께서 토요일 오후 우리 아이들에게 자장면을 사주셨습니다. 여전히 모이면 킬킬 웃고 장난이 반이지만, 제법 의젓해진 녀석들의 환한 웃음은 차가운 겨울바람 속에서도 바라보는 사람들의 마음을 따스하게 해주었습니다.

이제 모여서 **토의**해볼까?

토의와 토론

토의와 토론은 어떤 차이가 있을까요?

학자마다 조금씩 다른 다양한 정의와 사전적인 의미를 종합하여 정리해보면, 토의란 모임의 참가자가 토의 주제를 둘러싸고 서로의 지식, 정보, 의견, 경험 등을 교환하여 합리적이고 건설적인 해결 방안을 모색해 나가는 과정이고, 토론이란 이미 나온 결론(안건)을 놓고 두 팀이 서로 상반되는 입장에서 일정한 규칙에 따라 각각 자기의 주장을 논리적인 설득 과정을 통해 주장하고 상대방의 주장을 논박(반박)하는 언어활동이라고 합니다.

언뜻 보기에 토의는 자유롭고 민주적이며, 어떤 문제를 해결하는 데 매우 합리적이고 협조적이며 효과적인 과정으로 보입니다. 거기에 비해 토론이란 규칙과 질서를 강요하고 자신의 입장을 분명히 해야 하며 비판적 시각으로 상대방의 의견에 논박해야 하는 과정으로, 매우 대립적이고 딱딱한 느낌을 줍니다.

그래서 그런지 우리는 흔히 토의는 쉬워서 누구나 할 수 있고, 토론은 매우 어려워서 아무나 할 수 없는 것이라고 생각하는 경향이 있는 듯합니다. 사실은 정반대일 수도 있는데 말입니다. 그래서일까요? 일반적으로 학년이 낮은 아이들에게는 토의 학습을, 학년이 어느 정도 높아져야 비로소 토론 학습을 적용할 수 있다고들 합니다. 그런데 과연 그럴까요?

합리적이고 건설적인 해결 방안을 내기 위해 참가자들이 모여서 토의를 해보면 그 과정이 결코 쉽지 않음을 우리는 경험을 통해 알고 있습니다. 아이들과 함께 해봐도 마찬가지지요. 토의를 통해 학습 문제의 답을 찾아보자고 하면 토의 과정은 빠진 채 차례로 자료를 읽거나, 집에서 준비해온 자료를 모아 요약하고, 대표 아이가 정리하여 발표하는 모습을 자주 볼 수 있었습니다.

또 시간이 정해져 있는 토의라면 적당한 선에서 사회자가 합의점을 만들어내거나, 그것이 안 되면 나중에는 '다수결의 원칙'을 적용하여 결론을 내는 방법을 선택하곤 합니다. 그리고 빼놓지 않고 덧붙여 하는 말이 있습니다. '소수의 의견도 존중되어야 한다.' 그러나 다수의 의견대로 정해진 다음에는, 원칙대로 소수의 의견이 존중될 여지는 별로 없어 보입니다.

왜 그럴까요?

관점에 따라 여러 가지 이유가 있겠지만, 우선 아이들이 자신의 생각을 합리적으로 준비하고 정리하는 방법에 대한 공부가 되어 있지 않아서 그런 것 아닐까 싶습니다. 토의 학습이 잘 이루어지지 않는 이유를 찾아보자고 하면 선생님들도 한결같이 "아이들이 생각이 없어요."라고 하십니다. 학습 참고서와 인터넷에서 뽑아온 관련 자료 정도를 가지고 의견을 모으고 정답을 찾아가는 토의 학습 과정은, 토론 학습을 위한 아이들의 치열한 준비와 열정과는 많은 차이가 있습니다. 더욱 상황을 어렵게 하는 것은, 인터넷에서 찾은 자료들이 학습 주제와 어떤 관련이 있는지 스스로 파악도 되지 않고 심지어는 내용 이해도 제대로 되지 않은 상태에서, 비슷비슷한 자료들을 그저 긁어오기만 하는 아이들이 많다는 사실입니다.

그러나 토론 학습을 함께 공부하고 나면 상황은 많이 달라지지요. 우선 자신의 생각을 가진 아이들이 자신에게 필요한 자료와 정보를 찾아 논리적으로 정리할 수 있게 되었으니, 이제야 비로소 '토의 학습이 가능해졌다'고 말할 수 있게 되는 것입니다. 자신의 의견으로 발표하기 위해 6단계까지 생각하며 준비한 자료는 자료로서의 가치도 높지만, 준비하는 과정 자체가 이미 충분한 학습이었다는 생각이 들었습니다. 이런 과정 속에서 준비된 자료와 생각이라면 "이제 모여서 토의해볼까?"라고 할 수 있지 않을까요?

토론하려고 하는 문제에 대해 진지한 관심과 정성스런 마음으로 준비하여, 강압이나 주장의 나열보다 논증과 설득을 통해 문제를 해결하려는 자세로 상대방의 입장에서도 생각해보고, 열심히 연구하여 자기 것으로 만든 자료로 토론에 임하는 아이들이 되었을 때라야 비로소 '좋은 토의'도 이루어질 수 있을 것이며, 합리적이고 훌륭한 해결책을 함께 찾아갈 수 있을 것입니다.

저는 2003년에 있었던 '제1회 서울시 어린이 토론 대회'에서, 대회가 끝난 뒤 심사 결과를 기다리는 동안 진행자가 토론자들을 대상으로 했던 짧은 인터뷰 시간을 잊을 수 없습니다. 그때 초등학교 5, 6학년들로 이루어진 토론자들의 인터뷰 내용은 참관자들을 깜짝 놀라게 할 만큼 훌륭하였습니다.

아이들은 자신들에게 부족한 것이 무엇이었는지를, 토론하는 과정에서 이미 정확하게 인식하고 있었으며, 상대팀의 잘한 점을 칭찬하고 성숙한 자세로 판정 결과를 받아들이는 모습을 보여주었습니다. 그래서 승패를 떠나 양 팀 모두가 힘찬 박수를 받았습니다. 이러한 성숙한 품성들은 우리가 토론을 통해 기르고자 하는 언어 능력의 비약적인 발전에 더하여 무엇보다 소중하고 값진 선물이라 여겨집니다.

아이들은 어른의 뒷모습을 보면서 배웁니다

진정한 앎과 삶을 위하여

요즘 독서교육에 대한 관심과 노력이 어느 때보다 강조되고 있는 것 같습니다. 많은 사람들이 독서 지도에 헌신하고 있고 지도 사례가 발표되고 있으며, 곳곳에서 도서관을 만들자는 운동이 일어나고 있습니다. 한꺼번에 달아오르는 운동이 으레 그러하듯 또 한 번의 유행처럼 지나가지나 않을까 염려가 되지만, 그래도 저는 긍정적으로 보고 싶습니다. 독서 지도보다는 좋은 독서 환경을 만들고 아이들을 도서관으로 오게 하려는 다양한 고민과 시도들을 곳곳에서 발견하고 있기 때문입니다.

독서는 공부와는 달리 친구와 부모님 그리고 선생님들과 함께 나눌 수 있는 즐거움이었으면 좋겠습니다. 그렇게 하기 위해서는 우선 우리 아이들을 '어떤 책과 어떻게 만나게 할까?'에 대한 고민이 있었으면 합니다.

좋은 책과 만나게 하고 나아가 진정 책의 맛을 알게 하는 일이 독서 지도보다 먼저 이루어졌으면 좋겠습니다. 어떻게 하면 더 많은 책을 읽힐까, 더 많은 대회에서 상을 받게 할까, 더 높은 점수를 얻게 할까 하는 데 모아지는 우리들의 노력이 이제는 아이들과 선생님, 부모님들이 모두 함께 좋은 책을 읽고, 더 깊이 생각하고, 조금씩 실천해가는 가운데 우리의 영혼이 충만해지는 일상으로 모아졌으면 좋겠습니다. 정말 좋은 일은, 책과 함께하는 일이 일상이 된 삶이 얼마나 격조 있고 아름다운지를 보여주는 어른들이 더 많아지는 것이겠지요.

그런 어른들의 뒷모습을 보면서 배우고 익혀 평생 잊지 못할 책과의 만남을 경험하는 것, 그것은 분명 아이들의 마음속에서 아이들을 울게 하거나 감격하게 하는 강한 느낌을 안은 생생한 만남일 것이며, 그때 배운 지식이 진정한 앎으로 이어져 비로소 우리를 변화시키는 힘이 되는 것 아닐까요?

다시 봄을 기다리며

그렇게 애틋하게 서로 사랑하는 사람들은 처음 보았다. 두 분을 바라보고 있으면 이따금 눈물이 핑 돌곤 했는데, 6년 전 그러니까 내가 이곳에 처음 왔을 때 너무 어려서 사랑이 뭔지 생각조차 못했던 시절에도 그랬다.

그러고 보면 내 마음속 깊은 곳에서는 언제나 사랑을 생각하고 사랑을 보고 싶어 했나 보다. 어느 날 밤, 오브 아저씨가 부엌에 앉아 메이 아줌마의 길고 노란 머리를 땋아주는 광경을 처음 보았을 때 숲 속에 가서 행복에 겨워 언제까지나 울고 싶은 마음을 꾹 참았으니까.

기억은 나지 않지만, 나도 그처럼 사랑받았을 것이다. 틀림없다. 그렇지 않고서야 그날 밤 오브 아저씨와 메이 아줌마 사이에 흐르던 것을 보면서 어떻게 그게 사랑이라는 걸 알았을까? 우리 엄마는 돌아가시기 전에 윤기

나는 내 머리카락을 빗겨주고, 존슨즈 베이비 로션을 내 팔에 골고루 발라주고, 나를 포근하게 감싼 채 밤새도록 안고 또 안아주었던 게 틀림없다. 엄마는 자신이 오래 살지 못한다는 사실을 알고 있었고, 그래서 어떤 엄마들보다도 오랫동안 나를 안아주었던 게 틀림없다. 그리고 그때까지 받은 사랑 덕분에 나는 다시 그러한 사랑을 보거나 느낄 때, 바로 사랑인 줄 알수 있었던 것이다.

엄마가 돌아가신 뒤 아무도 나를 맡으려 하지 않았을 때도, 이모나 삼촌들 손에 끌려 이 집 저 집을 전전할 때도 나는 그 사랑을 가슴속 깊이 간직했으며, 아무도 나를 친딸처럼 받아들이지 않아도 투정을 부리거나 남들을 미워하지 않았다. 가엾은 우리 엄마는 나를 받아줄 누군가가 나타날 때까지 내가 살아갈 수 있을 만큼 넉넉한 사랑을 남겨두고 간 것이다.

얼마 전에 우리 동네 도서관에서 《그리운 메이 아줌마》를 읽다가 하도 좋아 제 보물상자에 옮겨놓았던 글입니다. 아이들에게 읽어주고 싶어서. 어떻게 하면 우리 아이들도 이런 그리운 마음을 가지고 살아갈 수 있게 될까요?

많은 사람들은 요즘 아이들에게 어떻게 그리움의 의미를 설명하고 감동을 줄 수 있는지 모르겠다고들 합니다. 옛날 아이들과는 너무나 다른 아이들이라는 거지요. 제게도 아이들은 해마다 많이 다른 모습으로 다가오는 것 같았습니다. 아이들이 생활하는 환경도 다르고, 관심을 가지는 분야도 다르며, 아이들이 살아갈 세계도 분명 우리가 살아온 세계와는 전혀 다를 것입니다.

이러한 사실들은 때로 우리를 당황하게 하고 무력감에 빠져들게도 하지만, 저는 아직도 우리 아이들에 대해 '아이는 역시 아이다!'라는 생각을 가지고 있습니다. 작은 배려에도 큰 힘과 용기를 얻고, 따뜻한 웃음 한 번에도 자신의 온 마음을 열어 보여주는 아이들, 사랑과 헌신에 그 누구보다 민감한 감성으로 울림을 보낼 줄 아는 우리 아이들…. 그런 아이들을 감동시키는 일은 변함없이 정직하게 산다는 것, 서로 도우며 슬픔과 아픔을 함께 나누는 것, 어려운 가운데서도 한결같은 사랑을 보여주고, 견디기 힘든 고통 속에서도 끝까지 희망을 잃지 않는 것, 무엇보다 아이들을 조건 없이 믿고 사랑하고 아껴주는 따뜻한 손길에 있음을 믿고 있습니다.

언젠가 우리 학교 도서실에서 '저자와의 만남' 행사를 하였을 때, 동화작가 정채봉 선생님을 모셔서 이야기를 나눈 적이 있었습니다. 그때 선생님의 이야기 주제가 '추억'이었던 것으로 기억합니다.

선생님이 아주 어렸을 때, 하루는 유명한 어른이 오셔서 무슨 이야기인가를 아주 열심히 해주셨다는 겁니다. 무슨 이야기를 들었는지는 전혀 기억에 남아 있지 않지만, 그 말씀을 들으며 얼굴이 뜨거워지고 가슴이 뛰었다는 기억은 지금도 뚜렷하다는 것이었습니다. 그리고 선생님이 쓰신 동화의 소재가 되었던 많은 아름다운 기억들을 이야기해주시며, 진정한 부자는 돈이 많은 사람이 아니라 언제까지라도 추억할 수 있는 아름다운 기억을 많이 간직한 사람이라고 말씀하셨습니다.

촛불 밝힌 학교 도서실에서 가을밤이 깊도록 마음에 와 닿는 이야기들을 들으며 넉넉한 사랑, 아름다운 경험, 행복했던 어린 시절의 기억을 간직한 사람들이 자라 훗날 굳건한 도덕적 신념과 뛰어난 예술적 창작의 원천을 갖게 된다는 꿈을 간직할 수 있어 좋았습니다.

선생님들과 어른들의 충분한 관심과 애정 속에서 좋은 책을 읽고, 정다운 친구들과 아름다운 학교생활의 기억을 나누어 갖게 하는 것, 이것은 어쩌면 이 시대와 사회에 희망의 씨앗 하나를 뿌리는 일일지도 모른다는 생각을 해봅니다.

학교를 떠난 후부터 우리 동네 도서관에서 책을 읽다가 아이들과 학부모님께 독서와 토론 이야기를 하게 되었고, 더 듣고 싶어 하는 분들이 많아서 자료집으로 만들어드리겠다 약속하고는 원고를 정리하다 그만 책으로 묶게 되었습니다.

'사람이 세상에 나와 평생 한 권의 책이면 되지…'라 생각하며 살아온 터라 책으로 묶을 준비가 전혀 안 되어 있었습니다. 그래서 오랜 시간 곰곰 다시 생각해보고 학급문집을 보며 이 모든 것을 기억해내야 했습니다. 그런데 이렇게 묶고 보니 책이라기보다는 차라리 '기록'이라고 하는 것이 옳을 듯합니다.

지나온 시간들을 기억해 쓰다 보니 그때 몰랐던 것도 새로 알게 되고, 또 그때보다 생각이 더 앞으로 나아가게 되는 것도 있었습니다. 또한 아쉬움과 부끄러움도 많았음을 알게 되었습니다. 그러나 무엇보다도 좋았던 일은, 제게 정말 소중한 것은 참으로 고마운 사람들과 함께한 시간이었음을 새롭게 알게 되었다는 것입니다. 그래서 이 기록은 온전히 우리 아이들과 그분들의 것임을 마음 깊이 알게 되었습니다.

조금은 남다른 학급 운영과 때로는 귀찮고 번거로운 숙제들에도 언제나 큰 힘과 응원을 아낌없이 보내주셨던 우리 학부모님들과 정말 예쁜 우리 아이들, 분명 큰 염려와 인내심을 가지고 보아야 하셨음에도 따뜻한 마음으로 힘껏 도와주신 선생님들, 아름답게 사는 삶의 모습이 어떤 것인지를 그 생활로 보여주시는 조유현, 박성애 님, 참 좋은 이웃과 내 친구들, 그리고 엄마 없는 시간을 언제나 도서관에서 놀아야 했던 우리 아이, 말없이 무조건적이고 전폭적인 지지를 보내준 우리 식구들, 특히 우리 어머님… 고맙습니다.